Inhaltsangabe

I. Systemorganisation

II. Steuerung und Kontrolle, Personalwesen

III. Wirtschafts- und Sozialkunde

I. Systemorganisation

A. Umgang mit Gästen, Beratung und Verkauf

Situation zu den Fragen 1 - 5
Ein Kunde möchte in Ihrem Restaurant sein 25-jähriges Firmenjubiläum mit einem gemeinsamen Essen für seine Mitarbeiter /-innen feiern. Sie sind beauftragt, ein Beratungs- und Verkaufsgespräch mit dem Eigentümer der Firma zu führen.

Frage 1: Welche Anforderungen werden an Sie bezüglich Ihres Erscheinungsbildes und Ihres Verhaltens gestellt? Nennen Sie je 3 Anforderungen.

Frage 2: Nennen Sie 6 Regeln, die Sie besonders bei der Eröffnung des Gespräches berücksichtigen sollten.

Frage 3: Unterscheiden Sie offene und geschlossene Fragen und geben Sie je ein Beispiel.

Frage 4: Was sind Entscheidungs-, Kontroll- und Suggestivfragen? Geben Sie wiederum je ein Beispiel.

Frage 5: Was ist unter nonverbaler Kommunikation zu verstehen? Nennen Sie die Teilbereiche mit je 2 Beispielen.

Frage 6: Wie würden Sie folgende Kundentypen im Restaurant bedienen?

Entschlossener Kunde	Unentschlossener Kunde	Eiliger Kunde	Ruhiger Kunde

Situation zu den Fragen 7 - 8
Ein Gast wünscht sich folgendes 4-Gang-Menü:

Lauchcremesuppe

***

Pochierte Schollenfilets in Weißweinsauce

***

Schweinemedaillons, Kartoffelkroketten, Lauchgemüse in Rahm

***

Rote Grütze mit Vanillesauce

Frage 7: Welche fachlichen Fehler können Sie in dem Menü entdecken?

Frage 8: Begründen Sie, warum bei der Zusammenstellung eines Menüs auch die jeweilige Jahreszeit zu berücksichtigen ist.

Top-Prüfung Fachmann / Fachfrau für Systemgastronomie

370 Testaufgaben zur Prüfungsvorbereitung

Systemorganisation
Steuerung und Kontrolle, Personalwesen
Wirtschafts- und Sozialkunde

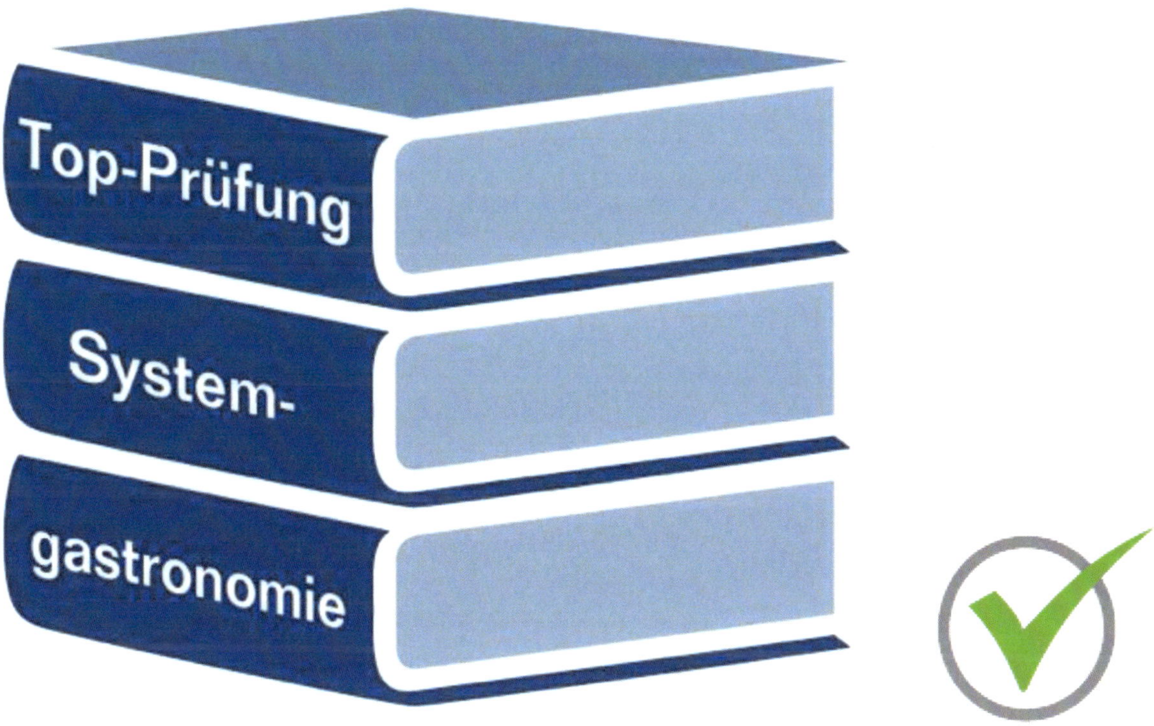

Claus G. Ehlert

Vorwort

Dieses Buch dient zur Vorbereitung auf die Abschlussprüfung als Fachfrau / Fachmann für Systemgastronomie. Die Fragen sind - wie bei der schriftlichen Prüfung - sowohl in programmierter als auch in offener Form gestellt.

Die Testaufgaben sind in praktischen Blöcken zu je 10 - 15 Fragen aufgeteilt. Sie können immer einen Aufgabenblock bearbeiten und dann mit den Lösungen vergleichen.
Die Lösungen sind bewusst kurz und auf die wesentlichen Punkte beschränkt gehalten.

Einen Vordruck zum Eintragen der Lösungen für die programmierten Aufgaben können Sie sich downloaden unter www.top-pruefung.de/vordruck-1.pdf.

Tipp: Wenn Sie bei programmierten Aufgaben die Antwort nicht wissen, arbeiten Sie nach dem „Ausschlussprinzip"! Streichen Sie die Antworten, die nicht richtig sein können.

Viel Erfolg!

Autor: Claus G. Ehlert, Rettiner Weg 66, 23730 Neustadt
hoteljob-international.de - E-Mail: info@top-pruefung.de

5. Auflage: Juni 2025
ISBN: 978-3-943665-28-4

Frage 9: Nennen Sie 6 Beispiele für saisonbedingte Rohstoffe und die dazugehörigen Zeiträume.

Frage 10: Geben Sie zu jedem der genannten Hauptallergene 3 Beispiele, wo diese enthalten sind oder sein könnten.

• Erdnuss • Soja • Laktose • Gluten • Sulfite • Schalenfrüchte

Frage 11: Neben dem Eingang des Restaurants ist ein Preisverzeichnis mit einer aussagekräftigen Auswahl der Speisen- und Getränkepreise anzubringen. Was ist hierfür die gesetzliche Grundlage?

Frage 12: Ein Restaurantgast bemerkt nach dem Essen, dass seine Lederjacke nicht mehr an der Garderobe hängt. Er hatte sie dort selber abgelegt. Haftet der Gastwirt?

Frage 13: Eine Familie kehrt bei Ihnen ein. Zum Essen bestellen sich die Eltern Wein und die Tochter eine Weinschorle. Nach dem Essen wünscht der Sohn einen „Verteiler". Sie sind sich bezüglich des Alters der Kinder unsicher. Wie verhalten Sie sich? Begründen Sie Ihr Vorgehen.

Frage 14: Sind nachfolgende Aussagen richtig oder falsch?

1. Für die Außer-Haus-Lieferung von kalten Platten gilt der normale Steuersatz.	
2. Ab einer Summe von 100,00 € muss die Umsatzsteuer auf Rechnungen als Betrag ausgewiesen werden.	a) Richtig
3. Es ist Gastwirten verboten, Speisen nur dann abzugeben, wenn gleichzeitig ein Getränk bestellt wird.	b) Falsch
4. Ist der Ausschank alkoholischer Getränke gestattet, so sind auf Verlangen auch alkoholfreie Getränke anzubieten. Davon ist mindestens ein alkoholfreies Getränk nicht teurer zu verabreichen als das billigste alkoholische Getränk.	

Frage 15:
Die Bäckerei Moser möchte in den Filialen nicht nur belegte Brötchen anbieten und ihren Snackbereich erweitern.

Warum kann eine Erweiterung in diesem Bereich sinnvoll sein?

Welche Artikel eignen sich zum Ausbau des Snack-Sortiments? Machen Sie Vorschläge.

Lösungen zu Fragenblock A

Frage 1:

Erscheinungsbild	Verhalten
Gepflegtes Äußeres Ansprechende, hygienische Kleidung und Schuhe Ordentliche Arbeitsunterlagen	Höflich Interessiert und engagiert Wertschätzung ausdrücken

Frage 2:

✓ Führen Sie das Gespräch nicht unter Zeitdruck.
✓ Schaffen Sie eine positive Gesprächsatmosphäre.
✓ Nehmen Sie Blickkontakt auf und stehen Sie gerade.
✓ Begrüßen Sie Ihren Gesprächspartner freundlich mit Namen.
✓ Hören Sie Ihrem Gesprächspartner aufmerksam zu.
✓ Sprechen Sie nicht monoton und betonen Sie Wichtiges (Stimmmodulation).
✓ Halten Sie einen angemessenen Abstand.
✓ Achten Sie auf Ihre und die Körpersprache Ihres Gegenübers.

Frage 3:

- Offene Fragen: Sie lassen alle möglichen Antworten zu und liefern gute Informationen. Beispiel: „Wofür benötigen Sie den Raum?“
- Geschlossene Fragen: Sie sind durch eine kurze Antwort oder mit „Ja oder Nein“ zu beantworten. Beispiel: „Soll der Raum ausschließlich für die Präsentation genutzt werden?“

Frage 4:

- Entscheidungsfragen: Vom Gesprächspartner wird eine Entscheidung erwartet. Beispiel: „Soll am Ende des Essens Kaffee angeboten werden?“
- Kontrollfragen: Es wird kontrolliert, ob die vorherigen Gesprächspunkte verstanden wurden. Beispiel: „Habe ich Sie richtig verstanden, dass wir jetzt nur noch um die Skontovereinbarung reden?“
- Suggestivfragen: Sie legen dem Käufer eine Antwort „in den Mund“ und sollen oft beeinflussen oder den Kauf beschleunigen. Beispiel: „Sie wollen doch, dass sich Ihre Gäste auf der Feier wohlfühlen?“

Frage 5:

Nonverbale Kommunikation ist jegliche Kommunikation, die nicht mithilfe der Sprache erfolgt.

Nonverbale Kommunikation - Beispiele	
Mimik:	Freundlicher Gesichtsausdruck, Blickkontakt halten.
Gestik:	Mit offenen Armen auf Kunden zugehen, Hände nicht vor der Brust verschränken, Hände nicht in die Hosentaschen stecken.
Körperhaltung:	Aufrechte, offene Körperhaltung
Abstand:	Persönliche Distanzzone wahren, Abstand ca. 1 - 2 m

Frage 6:

Entschlossener Kunde: Keine ausführliche Beratung, schnell bedienen.

Unentschlossener Kunde: Gezielte Fragen stellen und dementsprechend eine Auswahl anbieten. Zeit zum Überlegen einräumen.

Eiliger Kunde: Keine oder nur kurze Beratung. Zügig bedienen und kassieren.

Ruhiger Kunde: Gezielte Fragen stellen, Mimik des Kunden beachten.

Frage 7:

✓ Wiederholung Lauch (2x): Suppe und Gemüse zum Hauptgang.
✓ Zu viel Sahne (4x) und dadurch auch schwer: Suppe, Fischgericht, Hauptgang und Dessert
✓ Fehler in der Reihenfolge: Beim Hauptgang müssen die „Kartoffelkroketten“ nach dem Gemüse genannt werden.
✓ Farblose Zusammenstellung: Bis auf die „Rote Grütze“ ist alles sehr hell.

Frage 8:

- Viele Rohstoffe sind zu bestimmten Zeiten (z. B. Erntezeit bei Gemüse) am schmackhaftesten und auch noch preiswerter.
- In der warmen Jahreszeit werden eher leichtere Gerichte als im Winter verlangt.

Frage 9:

Spargel:	April bis Juni; Ende des Spargelstechens ist traditionell „St. Johanni“ am 24. Juni.
Erdbeeren:	Mai bis Juni
Karpfen:	Von September bis April, beliebtes Gericht zu Silvester
Lamm:	Besonders beliebt zur Osterzeit
Muscheln:	Von September bis April (in den Monaten mit „r“)
Pflaumen:	Von Mitte August bis Mitte September
Kirschen:	Juni bis August; Sauerkirschen bis September

Frage 10:

- Erdnuss: Erdnussbutter, Gebäck, Kuchen, Erdnussöl, Schokolade
- Soja: Sojasoße, Tofu, Sojaöl, vegane Drinks, Salate
- Laktose: Milch, Joghurt, Quark, Sahne, Mayonnaise
- Gluten: Stärke, Mehl, Brot, Panierte Speisen, Kleie
- Sulfite: Wein, Trockenobst, Sauerkraut, Kartoffelprodukte
- Schalenfrüchte: Marzipan, Nougat, Nussöle, Nusspaste, Mandeln

Frage 11: Die Gesetzliche Grundlage ist die Preisangabenverordnung (PAngV).

Frage 12: Nein, der Restaurantgast ist für seine Garderobe grundsätzlich allein verantwortlich.

Frage 13: Sie fragen die Kinder nach ihrem Alter. Sind beide unter 16 Jahren darf kein Alkohol nach dem Jugendschutzgesetz ausgeschenkt werden. Sollte der Junge zwar schon 16, aber noch keine 18 Jahre alt sein, dürfen Sie ihm auch keinen „Verteiler" ausschenken, da die Abgabe von Branntwein und branntweinhaltigen Lebensmitteln nur an Volljährige gestattet ist.

Frage 14: 1b, 2b, 3a, 4a

Frage 15: Durch den Snackbereich wird in vielen Bäckereien ein guter Umsatz erzielt. Snacks werden gerne als Mittagessen oder Zwischenmalzeit eingenommen. Sie sind schnell hergestellt, günstig und oft - im Vergleich zu Imbissessen - weniger belastend.

<u>Beispiele für Snacks:</u>

- Sandwiches (auch mit Fladenbrot)
- Wraps mit Füllungen aus Putenbrust, Rindfleisch, frischen Salaten, …
- Überbackene Snacks mit Käse (warm serviert)
- Kleine Pizzen oder Pizzastücke, Pizzabrötchen
- Blätterteigsnacks: Schinken- und Käsehörnchen, Würstchen im Schlafrock, …
- Laugenstangen und Laugenbrezel gefüllt und überbacken.
- Gefüllte Pasteten, z. B. mit feinem Ragout

B. Küchenbereich

Frage 1: Wie lauten die französischen Bezeichnungen für die nachfolgenden Köche / Posten in der Küche?

a) Küchenchef	b) Küchenchef-Stellvertreter	c) Postenchef
d) Saucenkoch	e) Bratenkoch	f) Fischkoch
g) Gemüsekoch	h) Suppenkoch	i) Koch der kalten Küche
j) Salatkoch	k) Vorspeisenkoch	l) Küchenmetzger
m) Küchenkonditor	n) Vertretungskoch	o) Diätkoch

Frage 2: Wie ist Fisch für die Ernährung zu beurteilen?

Frage 3: Nennen Sie die Garstufen für ein Filetsteak vom Rind in deutscher, englischer und französischer Sprache.

Frage 4: Was ist der Unterschied zwischen einer Fleischbrühe und einer Kraftbrühe (Consommé)?

Frage 5: Zur Herstellung von Crêpes werden Eier aufgeschlagen. Wie sollte ein frisches Ei aussehen?

Frage 6: Warum sind ungesättigte Fettsäuren wichtig für den menschlichen Körper? Nennen Sie Produkte mit einem hohen Gehalt an mehrfach ungesättigten Fettsäuren.

Frage 7: Wie lassen sich Vitaminverluste in der Küche vermeiden? Nennen Sie 3 Maßnahmen.

Frage 8: 100 g Schweinefilet enthält 0 g Kohlenhydrate, 2 g Fett und 22 g Eiweiß. Berechnen Sie den Energiegehalt für eine Portion Schweinefilet von 180 Gramm.

Situation zu den Aufgaben 9 - 10
Zwei Körbe enthalten insgesamt 10,2 kg frischen Spargel.

Frage 9: Wie viel Spargel bleibt übrig, wenn mit ca. 25 % Schälverlust zu rechnen ist?

Frage 10: Wie viele ganze Portionen erhalten Sie, wenn das Rohgewicht pro Portion Spargel 500 g beträgt?

Frage 11: Ergänzen Sie die folgende Tabelle.

Deutsch	Französisch	Kurze Beschreibung
Holländische Soße		Aufgeschlagene Soße mit Eigelb, Weißwein, geklärter Butter und Zitronensaft
		Ableitung der Holländischen Soße + Estragon und Kerbel
Béchamelsoße		
Weiße Grundsoße		Weiße Mehlschwitze mit Brühe aufgefüllt
	Jus	
Braune Kraftsoße		
		Tomaten und Tomatenmark mit Röstgemüse anschwitzen, mit Brühe auffüllen, passieren

Frage 12: Woraus besteht Mayonnaise? Nennen Sie 3 Ableitungen.

Frage 13: Ein Gast bestellt zu seinem Kopfsalat eine Vinaigrette. Beschreiben Sie kurz die Herstellung.

Situation zu den Fragen 14 - 15
Sie verarbeiten in Ihrem Betrieb auch regelmäßig Hackfleisch und wissen, dass auch hier sehr sauber gearbeitet werden muss.

Frage 14: Begründen Sie, warum Hackfleisch so stark für Mikroorganismen anfällig ist.

Frage 15: Sie haben am 7. August 3,5 kg Hackfleisch hergestellt. Bei welcher Temperatur sollte das Hackfleisch gelagert werden und bis wann muss es verbraucht sein?

Lösungen zur Fragenblock B

Frage 1:

a) Chef de cuisine	b) Sous-Chef	c) Chef de partie
d) Saucier	e) Rôttiseur	f) Poissonnier
g) Entremetier	h) Potager	i) Gardemanger
j) Saladier	k) Hors-d'œuvrier	i) Boucher
m) Pâtissier	n) Tournant	o) Régimier

Frage 2: Fisch enthält hochwertiges Eiweiß und Fett, das reich an essenziellen Fettsäuren ist. Zusätzlich sind Vitamine (A und D) und das wichtige Jod enthalten.
Fisch hat wenig Bindegewebe und ist deshalb zart und leicht verdaulich. Es kann somit gut als Schonkost und für Diät-Gerichte eingesetzt werden.

Frage 3:

stark blutig	rare	bleu
blutig	medium rare	saignant
rosa	medium	à point
durchgebraten	well done	bien cuit

Frage 4: Die Kraftbrühe wird mit Hilfe von Klärfleisch geklärt. Dadurch verstärkt sich der Geschmack und die Farbe wird klar.

Frage 5: Das Dotter ist hoch gewölbt und das Eiweiß läuft nicht stark auseinander. Ältere Eier lassen sich deshalb auch schlechter in Eigelb und Eiklar trennen.

Frage 6: Einige mehrfach ungesättigte Fettsäuren können vom Körper nicht selber hergestellt werden. Sie müssen daher mit der Nahrung aufgenommen werden.
Sie kommen vor in:
- Nüssen, Saaten und daraus hergestellten Ölen
- Keimling von Getreide und daraus hergestellten Ölen
- Fischöl

Frage 7:
✓ Lebensmittel kühl und dunkel lagern.
✓ Am besten möglichst schnell und frisch verarbeiten.
✓ Kurze Garzeiten, um hitzeempfindliche Vitamine zu schonen.
✓ Dämpfen ist besser als kochen (wasserlösliche Vitamine).

Frage 8:

Fett:

100 g Schweinefilet = 2 g Fett
180 g Schweinefilet = X

$$X = \frac{2 \text{ g Fett} \times 180 \text{ g Schweinefilet}}{100 \text{ g Schweinefilet}} = 3{,}6 \text{ g Fett}$$

Eiweiß:

100 g Schweinefilet = 22 g Eiweiß
180 g Schweinefilet = X

$$X = \frac{22 \text{ g Eiweiß} \times 180 \text{ g Schweinefilet}}{100 \text{ g Schweinefilet}} = 39{,}6 \text{ g Eiweiß}$$

3,6 Gramm Fett x 37 KJ = 133,2 KJ
39,6 Gramm Eiweiß x 17 KJ = 673,2 KJ
806,4 KJ

Frage 9: 100 % = 10,2 kg
75 % = X

$$X = \frac{10{,}2 \text{ kg} \times 75\ \%}{100\ \%}$$ X = **7,65 kg**

Frage 10: 7,65 kg : 0,5 kg = 15,3 **Sie erhalten 15 ganze Portionen.**

Frage 11:

Deutsch	Französisch	Kurze Beschreibung
Holländische Soße	Sauce hollandaise	Aufgeschlagene Soße mit Eigelb, Weißwein, geklärter Butter und Zitronensaft
Bearner Soße	Sauce béarnaise	Ableitung der Holländischen Soße + Estragon und Kerbel
Béchamelsoße	Sauce béchamel	Helle Mehlschwitze aufgefüllt mit Milch und evtl. hellem Fonds.
Weiße Grundsoße	Velouté	Weiße Mehlschwitze mit der entsprechenden Brühe aufgefüllt.
Bratensaft	Jus	Austretender Fleischsaft, leicht gebunden und verfeinert.
Braune Kraftsoße	Demiglace	Knochen mit Röstgemüse angebraten und mit brauner Brühe aufgefüllt.
Tomatensoße	Sauce tomate	Tomaten und Tomatenmark mit Röstgemüse anschwitzen, mit Brühe auffüllen, passieren.

Frage 12: Mayonnaise besteht aus Eigelb, Öl, Salz, Zitronensaft.

Chantillysauce:	Geschlagene Sahne und Zitronensaft
Remouladensauce:	Feingehackte Gewürzgurken, Sardellen, Kapern, Kräuter (Petersilie, Kerbel, Estragon)
Andalusische Sauce:	Tomaten, Tomatenmark, feine, rote Paprikastreifen, pikant abgeschmeckt.
Tartarensauce:	Hartgekochte, gehackte Eier, Schnittlauch

Frage 13:
✓ Essig mit Salz und Pfeffer verrühren.
✓ Senf dazugeben und kurz aufschlagen.
✓ Das Öl erst tröpfchenweise, dann sehr langsam unter ständigem Rühren zugießen, damit sich Essig und Öl verbinden können.

Frage 14: Aufgrund der vergrößerten Oberfläche und der teilweise zerstörten Zellmembranen ist rohes Hackfleisch sehr schnell verderblich.

Frage 15: Das Hackfleisch sollte kühl bei höchstens 4 °C gelagert werden. Das rohe Hackfleisch muss am Herstellungstag, also am 7. August, verbraucht werden. Soll es erst am nächsten Tag verwendet werden, muss es am 7. August durcherhitzt werden.

C. Servicebereich

Frage 1: Ordnen Sie die Kaffeespezialitäten entsprechend zu.

Kaffeespezialität	Beschreibung
1. Türkischer Kaffee	a) Gekühlter Kaffee mit Vanilleeis
2. Melange	b) Bestehend aus Espresso, Milch und Milchschaum
3. Eiskaffee	c) Starker, süßer, schwarzer Kaffee mit Kaffeesatz
4. Latte Macchiato	d) Espresso mit einem kleinem Schluck Milchschaum
5. Espresso Macchiato	e) Bestehend aus 50 % Kaffee und 50 % Milch

Frage 2: Für welchen Gästekreis sind reizstoffarmer Kaffee und entkoffeinierter Kaffee geeignet?

Frage 3: Bei der Teepflanze wird die Qualität auch nach Blattfolge unterschieden. Welches sind die beiden besten Sorten?

Frage 4: Ein Gast möchte den Unterschied zwischen Fruchtsaft und Fruchtnektar wissen. Erläutern Sie.

Frage 5: Aus welchen Zutaten darf Bier nach dem deutschen Reinheitsgebot bestehen und woraus wird Malz zur Bierherstellung gewonnen?

Frage 6: Nennen Sie 3 deutsche Rebsorten aus denen Weißweine und 2 Rebsorten aus denen Rotweine hergestellt werden.

Frage 7: Mit welchem Gärverfahren wird Rotwein hergestellt?

Frage 8: Nennen Sie 5 Prädikatsstufen eines Qualitätsweines mit Prädikat in Deutschland in aufsteigender Reihenfolge.

Frage 9: Aus einem 50 Liter Bierfass wurden 112 Gläser Bier à 0,3 Liter ausgeschenkt. Sie rechnen mit einem Schankverlust von 4 %. Wieviel Gläser Bier à 0,3 Liter lassen sich noch ausschenken?

Frage 10: Von welcher Seite werden folgende Arbeiten am Gast vorgenommen?

- Suppe einsetzen.
- Tellergericht einsetzen.
- Salatteller einsetzen.
- Präsentieren und Einschenken von Wein.
- Vorlegen von Speisen.

Frage 11: Welche Aussagen zu Tafelwasser und Mineralwasser sind richtig?
Ordnen Sie entsprechend zu.

1. Tafelwasser darf bestimmte Mineralstoffe künstlich zugefügt werden.	
2. Mineralwasser darf bestimmte Mineralstoffe künstlich zugefügt werden.	a) Richtig
3. Tafelwasser muss am Quellort abgefüllt werden.	b) Falsch
4. Mineralwasser muss am Quellort abgefüllt werden.	

Frage 12: Für eine festliche Veranstaltung wird ein 8 Gänge Menü gewünscht. Wie könnte dieses Menü aufgebaut sein? Beachten Sie die richtige Reihenfolge.

Frage 13: Erklären Sie einem neuen Auszubildenden folgende Begriffe:

- Disagio - Guéridon - Menagen - Russischer Service
- Amerikanischer Service - Skirting

Situation zu den Fragen 14 - 15
Ein amerikanischer Gast möchte seine Restaurantrechnung in Höhe von 86,20 € in USD bezahlen. 1 USD = 0,82 € / 0,89 €

Frage 14: Was haben die Bezeichnung „1 USD = 0,82 € / 0,89 €“ zu bedeuten?

Frage 15: Wie hoch ist die Rechnung in USD?

Lösungen zu Fragenblock C

Frage 1: 1c, 2e, 3a, 4b, 5d

Frage 2:
Reizstoffarmer Kaffee ist geeignet für Gäste mit Magen-, Gallen- und Leberproblemen. Der Kaffee wurde mild geröstet. Zusätzlich wurden Gerbstoffe und Bittersäuren entzogen.

Entkoffeinierter Kaffee ist für Gäste mit Bluthochdruck und Herzkranke geeignet. Durch ein Spezialverfahren wurde das Koffein entzogen.

Frage 3: Flowery Orange Pekoe (FOP) und Orange Pekoe (OP)

Frage 4: Ein Fruchtsaft besteht aus 100 % Fruchtsaft und dem entsprechenden Fruchtfleisch. Fruchtnektare haben einen Fruchtsaftgehalt von 25 % bis 50 %. Der Rest besteht aus Wasser.

Frage 5: Das Bier darf nur aus Hopfen, Malz, Hefe und Wasser hergestellt werden. Malz wird meist aus Gerste hergestellt, aber auch aus Weizen (Weizenbier, vor allem in Bayern beliebt) und Roggen.

Frage 6:
- Weißwein: Riesling, Silvaner, Kerner, Müller-Thurgau
- Rotwein: Trollinger, Spätburgunder, Dornfelder, Lemberger, Portugieser

Frage 7: Rotwein wird aus roten Trauben in Maischegärung hergestellt, d. h. die zerdrückten Trauben werden vergoren.

Frage 8: Kabinett, Spätlese, Auslese, Beerenauslese, Trockenbeerenauslese, Eiswein

Frage 9:

100 % = 50 L
96 % = X

$$X = \frac{50\ \text{L} \times 96\ \%}{100\ \%}$$

X = 48 Liter

48 Liter : 0,3 Liter = 160 Gläser
160 Gläser - 112 Gläser = **48 Gläser**

Frage 10:

Von rechts	Von links
Suppe einsetzen. Tellergericht einsetzen. Präsentieren und Einschenken von Wein.	Salatteller einsetzen. Vorlegen von Speisen.

Frage 11: 1a, 2b, 3b, 4a

Frage 12:

- ✓ Kalte Vorspeise
- ✓ Suppe
- ✓ Warme Vorspeise
- ✓ Fischgang
- ✓ Sorbet
- ✓ Hauptgericht
- ✓ Käsegang
- ✓ Dessert

Frage 13:

Disagio:	Provision für Kreditkartenunternehmen bei Zahlung mit Kreditkarte
Guéridon:	Beistelltisch
Menagen:	Salz und Pfeffer am Tisch, sowie andere Würzmittel in ihren Behältern
Russischer Service:	Die Speisen werden in der Küche auf einer Platte angerichtet und am Tisch von der rechten Seite des Gastes präsentiert. Der Gast legt sich die Speisen selbst von der Platte auf den Teller.
Amerikanischer Service:	Die Speisen werden direkt auf dem Teller angerichtet (Tellerservice).
Skirting:	Ummantelung von Tischen (Buffet)

Frage 14: Der erste Kurs ist der Ankaufkurs. Der Kurs mit dem das Restaurant ausländische Währungen ankauft. Der zweite Kurs ist der Verkaufskurs. Der Kurs mit dem das Restaurant ausländische Währungen verkauft.

Frage 15:

$$0{,}82\ € = 1\ \text{USD}$$
$$86{,}20\ € = X\ \text{USD} \qquad X = \frac{1\ \text{USD} \times 86{,}20\ €}{0{,}82\ €} \qquad \mathbf{X = 105{,}12\ USD}$$

D. Systemorganisation

Frage 1: Nennen Sie 6 wesentliche Merkmale der Systemgastronomie.

Frage 2: Was ist ein „Fast-Casual-Restaurant“?

Frage 3: Was ist unter „Food-Court“ zu verstehen?

Frage 4: Welche Anforderungen werden an Betriebe der Verkehrsgastronomie gestellt?

Situation zu den Fragen 5 - 8
Jonas Müller möchte sich mit einem Betrieb in der Systemgastronomie selbstständig machen und überlegt, ob er dieses auf Franchisebasis machen soll.

Frage 5: Nennen Sie 5 wesentliche Merkmale eines Franchise-Systems.

Frage 6: Welche Vorteile hat der Franchisegeber?

Frage 7: Welche Vorteile hat der Franchisenehmer?

Frage 8: Ein Freund von Jonas Müller fragt, ob er dann auch unabhängig sei, bei den Speisen und Getränken, die er anbieten möchte? Nehmen Sie kurz dazu Stellung.

Frage 9: Unterscheiden Sie folgende Merkmale zwischen Filialbetrieb, Franchisesystem und Individualunternehmen.

	Filialbetrieb	Franchise	Individualunternehmen
Marketing-Konzept	Unternehmenszentrale	Franchisegeber	Unternehmer
Festlegung der Verkaufspreise			
Weisungsrechte			
Einführung am Markt			
Beratung und Schulung			
Kennzahlen / Vergleichsdaten			

Frage 10: Was beschreibt der Begriff „Corporate Design“ in der Systemgastronomie?

Frage 11: Welche Aussagen zu einem Lizenzvertrag sind richtig?

1. Der Lizenznehmer kann die Preise in der Regel selber bestimmen.	
2. Der Lizenznehmer ist beim Lizenzgeber angestellt.	a) Richtig
3. Das Sortiment wird vom Lizenzgeber bestimmt.	
4. Der Lizenznehmer hat einen großen Einfluss auf das Produkt.	b) Falsch
5. Der Lizenznehmer profitiert vom Image und der Bekanntheit der Marke.	

Frage 12: Was zeichnet ein Hotel garni aus?

Lösungen zu Fragenblock D

Frage 1:

- Standardisierte Konzepte
- Zentrale Steuerung
- Verkaufssysteme
- Multiplizierbarkeit
- Produkt- und Systemorientierung
- Markengastronomie

Frage 2: Ein Fast-Casual-Restaurant ist ein Restaurant, das durch frische Produkte und einen schnellen, reduzierten Service charakterisiert wird. Es verbindet eine relativ hohe Produktqualität mit der Geschwindigkeit der Quickservice-Systemgastronomie. Somit kann ein höherer Preis durchgesetzt werden.

Frage 3: Bei einem Food-Court gibt es Verkaufsstellen verschiedener, eigenständiger Restaurants (der Systemgastronomie) mit gemeinsamen Sitzplätzen, die meist zentral angeordnet sind. Food-Courts gibt es z. B. in Einkaufszentren, Outlet-Stores, Autobahnraststätten, Bahnhöfen und Flughäfen.

Frage 4: Die Betriebe befinden sich an Flughäfen, Bahnhöfen und Autobahnen und müssen sich somit an die Bedürfnisse der Kunden anpassen.

✓ Die Speisen müssen schnell verzehrbar sein.
✓ Die Servicegeschwindigkeit muss hoch sein.
✓ Speisen und Getränke müssen sich gut zum Mitnehmen eignen.

Frage 5:

- Franchisegeber und Franchisenehmer arbeiten auf eigene Rechnung und auf eigene Gefahr.
- Es gibt ein erprobtes Konzept.
- Der Marktauftritt ist einheitlich (sowohl bei Eigenbetrieben und Franchisebetrieben).
- Der Franchisegeber stellt sein „Know-how“ zur Verfügung.
- Der Franchisegeber hat das Recht, die Einhaltung der Standards zu kontrollieren.

Frage 6:

Schnelle Marktdurchdringung, Erschließung neuer Standorte.
Wachstum, ohne das eigene Filialnetz auszubauen.
Schonung des Eigenkapitals.
Einnahmen durch Franchisegebühr.
Das wirtschaftliche Risiko wird vom Franchisenehmer getragen.
Kontrollmöglichkeiten des systemkonformen Auftritts des Franchisenehmers.
Die Personalsuche und Einstellung erfolgen durch den Franchisenehmer.

Frage 7:

Minderung des unternehmerischen Risikos durch ein bewährtes Konzept.
Nutzung der Vorteile eines größeren Unternehmens (Werbung, PR, Aktionen, ...).
Kontrolle des Systems auf Wirtschaftlichkeit, evtl. Hilfestellung.
Fortbildung und Mitarbeiterschulung.
Mitwirkung in Arbeitskreisen / Kommissionen.
Entlastung von administrativen Arbeiten, z. B. Einkauf, Abrechnungen, Buchführung.
Günstige Preise durch Zentraleinkauf.

Frage 8: Das Angebot an Speisen und Getränke wird durch den Franchisegeber in der Regel vorgegeben. Wer sich damit nicht identifizieren kann, sollte evtl. lieber Möglichkeiten in der Individualgastronomie suchen.

Frage 9:

	Filialbetrieb	Franchise	Individualunternehmen
Marketing-Konzept	Unternehmenszentrale	Franchisegeber	Unternehmer
Festlegung der Verkaufspreise	Unternehmenszentrale	Franchisegeber	Unternehmer
Weisungsrechte	Unternehmenszentrale	Sind im Franchisevertrag festgelegt	Unternehmer ist an keine Weisungen gebunden
Einführung am Markt	Unternehmenszentrale	Voraussetzung für Franchise	Eigeninitiative des Unternehmers
Beratung und Schulung	Unternehmenszentrale	Festlegung im Franchisevertrag	Keine oder durch Eigeninitiative
Kennzahlen / Vergleichsdaten	Zentrale Auswertung durch Unternehmenszentrale	Franchisenehmer leiten Daten weiter und erhalten Auswertungen	Evtl. Austausch durch Hotel- und Gaststättenverband, IHK

Frage 10: Es steht für ein einheitliches Erscheinungsbild des Unternehmens vom Logo über die Inneneinrichtung bis zur Bekleidung der Mitarbeiter/-innen.

Frage 11: 1a, 2b, 3b, 4b, 5a,

Frage 12: Ein Hotel garni ist ein Hotel, das nur Frühstück anbietet und keine weitere Gastronomie.

E. Sicherheit und Gesundheitsschutz bei der Arbeit

Frage 1: Wer ist für die Überwachung der Unfallverhütungsvorschriften zuständig?

Frage 2: Welche Form und Farbe haben Verbotszeichen?

Frage 3: Sie sehen folgende Zeichen. Was haben sie zu bedeuten?

a)

b)

c)

d)

e)

f)

g)

h)

Frage 4: Welche Bedeutung haben folgende Zeichen? Unterscheiden Sie zudem in Verbotszeichen, Warnzeichen, Gebotszeichen, Rettungszeichen und Brandschutzzeichen.

a)

b)

c)

d)

e)

f)

g)

h)

Frage 5: Darf ein Brand an der Fritteuse mit Wasser gelöscht werden?

Frage 6: Sie sehen, wie ein Kollege sein Tranchiermesser zur Reinigung durch den Abwäscher in die mit Wasser gefüllte Spüle legt. Was ist dazu zu sagen?

Frage 7:

Welche Bedeutung hat dieses Prüfzeichen auf einem Produkt? CE	a) Es zeigt, dass das Produkt allen geltenden europäischen Vorschriften entspricht. b) Produkte mit dem Zeichen haben sich im Alltag bewährt. c) Das Produkt wurde innerhalb der EU produziert.

Frage 8:
Beim Einkauf eines neuen Kassendruckers sehen Sie dieses Zeichen. Welche Aussagen sind richtig?
2 richtige Antworten

a) Durch das GS-Zeichen verlängert sich die Garantie auf den Kassendrucker.
b) Um das GS-Zeichen anbringen zu dürfen, muss der Hersteller sein Produkt von einer zugelassenen Prüfstelle (GS-Stelle) einer Baumusterprüfung unterziehen.
c) Zur Aufrechterhaltung des Zertifikates führt die GS-Stelle Kontrollmaßnahmen (zum Beispiel Überwachung der Fertigungsstätte) durch.
d) Eine Prüfung durch die GS-Stelle ist für alle technischen Geräte vorgeschrieben.

Situation zu den Fragen 9 - 10
Der Lieferant stellt 6 Kisten Wein vor die Kellertür. Die Tür ist als Fluchtweg gekennzeichnet.

Frage 9: Welche Farbe und Form hat das Schild?

Frage 10: Es ist viel zu tun. Können die Weinkisten dort stehen bleiben?

Frage 11: Ein Küchenhelfer hat sich verbrannt und wendet sich an Sie. Er hat sich an der Hand verbrannt und seine Haut ist gerötet. Was ist zu tun?

Frage 12: Ordnen Sie die Aufgaben den genannten Institutionen entsprechend zu.

1. Wahrnehmung des Gesamtinteresses der ihnen zugehörigen Gewerbetreibenden 2. Überwachung des Jugendarbeitsschutzgesetzes 3. Verhütung von Arbeitsunfällen und Berufskrankheiten 4. Förderung von Arbeitsbeschaffungsmaßnahmen	a) Gewerbeaufsichtsamt b) Industrie- und Handelskammer c) Bundesagentur für Arbeit d) Berufsgenossenschaft

Lösungen zu Fragenblock E

Frage 1: Die Berufsgenossenschaft

Frage 2: Verbotszeichen sind rund und weiß, mit einem roten Rand. Im Mittelpunkt steht ein Piktogramm, welches rot durchgestrichen ist.

Frage 3:

a) Fußschutz benutzen.	b) Löschen mit Wasser verboten.
c) Warnung vor gefährlicher elektrischer Spannung	
d) Kein Trinkwasser	e) Augenschutz benutzen.
f) Rauchen verboten.	
g) Richtungsangabe für Erste-Hilfe-Einrichtungen, Rettungswege, Notausgänge	
h) VDE-Zeichen: Verband deutscher Elektrotechniker	

Frage 4:

a) Keine offene Flamme; Feuer, offene Zündquelle und Rauchen verboten. (Verbotszeichen).
b) Warnung vor einer Gefahrenstelle (Warnzeichen)
c) Rettungsweg / Notausgang links (Rettungszeichen)
d) Schutzhandschuhe tragen (Gebotszeichen).
e) Feuerlöscher (Brandschutzzeichen)
f) Erste Hilfe (Rettungszeichen)
g) Warnung vor feuergefährlichen Stoffen (Warnzeichen)
h) Warnung vor ätzenden Stoffen (Warnzeichen)

Frage 5: Auf keinen Fall! Schon geringe Mengen an Wasser können zu einer Explosion führen und Mitarbeiter gefährden, sowie das Ausbreiten des Feuers beschleunigen.

Frage 6: Der Spüler könnte in das Wasser greifen und sich an dem Messer verletzen. Es sollten deshalb auf keinen Fall Messer in eine mit Wasser gefüllte Spüle gelegt werden.

Frage 7: a

Frage 8: b, c

Frage 9: Es ist grün und rechteckig.

Frage 10: Nein, der Weg muss frei zugänglich sein. Die Weinkisten müssen umgehend entfernt werden.

Frage 11: Die Hand in kaltes Wasser tauchen, bis der Schmerz aufhört. Dann bei leichten Verbrennungen eine Brandsalbe auftragen.

Frage 12: 1b, 2a, 3d, 4c

F. Umweltschutz, Hygiene

Frage1: In der Systemgastronomie werden Küchenabwässer über einen Fettabscheider zur Kanalisation geführt. Erklären Sie das Prinzip eines Fettabscheiders.

Frage 2: Der Verpackungsmüll bei Warenanlieferungen soll reduziert werden. Wie kann das erreicht werden? Nennen Sie 4 Maßnahmen.

Frage 3: Nennen Sie 5 Maßnahmen, wie Umweltschutz in der Verwaltungsabteilung umgesetzt werden kann.

Frage 4: Welchen Zweck hat das Kreislaufwirtschaftsgesetz im Allgemeinen?

Frage 5: In welche 3 Bereiche lässt sich der Bereich Hygiene einteilen?

Frage 6: Nennen Sie 5 Maßnahmen, die der persönlichen Hygiene zuzuordnen sind.

Frage 7: Was bedeutet das „HACCP" Konzept?

Frage 8: Nennen Sie 5 Maßnahmen, die ein betriebliches „HACCP" Konzept enthalten muss.

Frage 9: Beim Aufräumen im Lager sehen Sie eine Konservendose, bei der sich der Deckel nach oben gewölbt hat. Was hat das zu bedeuten?

Frage 10: Sie haben auf einem Weißbrot einen grünen, pelzigen Belag entdeckt. Um was könnte es sich handeln? Dürfen Sie nach Entfernen des Belages das Weißbrot weiter verwenden?

Frage 11: Welche Aussagen zum Einsatz von Spülmitteln sind richtig? 2 richtige Antworten

a) Zu viel Spülmittel bringt keine zusätzliche Reinigungsleistung.
b) Spülmittel belasten das Abwasser nicht.
c) Spülmittel entspannen das Wasser.
d) Je weniger Spülmittel, desto höher ist die Reinigungsleistung.

Frage 12: Es werden 5 Liter Reinigungsmittel benötigt. Laut Anleitung muss ein Konzentrat dafür im Verhältnis 1:10 verdünnt werden. Wie viel Konzentrat und Wasser werden gemischt?

Lösungen zur Fragenblock F

Frage1: Fett schwimmt aufgrund seiner geringeren Dichte auf, sammelt sich auf der Oberfläche und kann entnommen werden. Das öl- und fettfreie Abwasser fließt in den Abwasserkanal. Da sich in der Anlage auch die Fließgeschwindigkeit des Abwassers verringert, sinken schwere Feststoffe (Essensreste) zu Boden und setzen sich im Schlammfang ab.

Frage 2:
✓ Bei Warenannahme die Verpackungen gleich dem Lieferanten zurückgeben.
✓ Rohstoffe und Hilfsstoffe in größeren Gebinden beziehen.
✓ Mehrwegverpackungen verwenden.
✓ Entsprechende Lager einrichten, z. B. Mehlsilo.
✓ Keine Portionsverpackungen im Cafébereich verwenden.
✓ Pfandflaschen statt Einwegflaschen nutzen.

Frage 3:
✓ Abfälle trennen (Papier, Kunststoff, Glas, ...).
✓ Batterien und Akkus fachgerecht entsorgen.
✓ Moderne Beleuchtungsanlagen einsetzen (LED).
✓ Beleuchtung in leeren Büros / Räumen ausschalten.
✓ Effizientes Lüften (Stoßlüften).
✓ Bei Neuanschaffung von Bürogeräten auf die Energieeffizienz achten.

Frage 4: Nach § 1 des KrWG ist der Zweck die Förderung der Kreislaufwirtschaft zur Schonung der natürlichen Ressourcen und die Sicherung der umweltverträglichen Bewirtschaftung von Abfällen.

Frage 5: Produkthygiene, Personalhygiene und Betriebshygiene

Frage 6:

Vor Arbeitsbeginn und nach Toilettenbesuch Hände gründlich waschen.
Saubere und vollständige Arbeitsbekleidung tragen.
Beim Niesen / Husten von den Lebensmitteln abwenden.
Gepflegtes Äußeres einschließlich Hände und Fingernägel
Parfüm und Make-Up sind nur dezent zu verwenden.
In den Produktionsräumen Kopfbedeckung tragen.

Frage 7: Das **H**azard **A**nalysis and **C**ritical **C**ontrol **P**oints-Konzept (deutsch: Gefahrenanalyse und kritische Kontrollpunkte) ist ein klar strukturiertes und auf präventive Maßnahmen ausgerichtetes Werkzeug. Es dient der Vermeidung von Gefahren im Zusammenhang mit Lebensmitteln, die zu einer Erkrankung von Konsumenten führen können.

Frage 8:

- Durchführen einer Gefahrenanalyse.
- Identifikation der für die Sicherheit der Lebensmittel kritischen Kontrollpunkte.
- Festlegung von Eingreifgrenzen an den jeweiligen kritischen Kontrollpunkten.
- Entsprechende Überwachungsverfahren an den kritischen Kontrollpunkten.
- Einrichten von Korrekturmaßnahmen für den Fall von Abweichungen.
- Überprüfungsmaßnahmen der Effizienz des HACCP-Systems.
- Dokumentation der Maßnahmen.

Frage 9: Man spricht von einer Bombage. Der Inhalt der Konservendose darf nicht mehr verwendet werden (Botulinumtoxin).

Frage 10: Es handelt sich wahrscheinlich um Schimmel.
Von schädlichem Schimmelpilz befallene Lebensmittel sind zu entsorgen. Für das bloße Auge unsichtbar hat sich in der Regel das Myzel des Pilzes bereits in der gesamten Portion ausgebreitet und eventuell dort Mykotoxine erzeugt.

Frage 11: a, c

Frage 12:

10 Teile = 5 Liter
1 Teil = x

$x = \frac{5 \text{ Liter} \times 1}{10}$

x = **0,5 l Konzentrat + 4,5 l Wasser**

G. Wirtschaftsdienst

Situation zu den Fragen 1 - 4
Die Familie Sommer möchte eine Familienfeier in Ihrem Restaurant ausrichten.

Frage 1: Wovon ist die Wahl der Tafelform abhängig? Nennen Sie 5 Kriterien.

Frage 2: Wie viel Platz ist pro Gast am Tisch einzuplanen?

Frage 3: Wie sollten die Ehrengäste bei einer Tafel platziert werden?

Frage 4: Nennen Sie Regeln zum Eindecken des Bestecks.

Frage 5: In welchem Abstand sind Bierleitungen inkl. Zapfkopf zu reinigen?

Frage 6: Welche Bedeutung haben folgende Zeichen?

a) 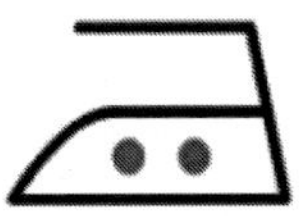 b) 

c) 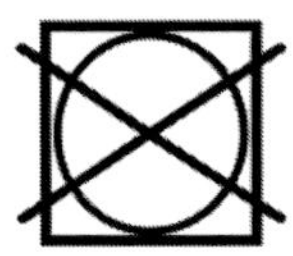 d)  e) 

Frage 7: Aus welchen Fasern sollten Poliertücher sein? 1 richtige Antwort

a) Baumwollfasern
b) Cellulosische Fasern
c) Leinenfasern
d) Synthetische Fasern

Frage 8: Ordnen Sie die Reinigungsmittel entsprechend der Verwendung zu.

1. Alkoholreiniger	a) Sanitäreinrichtungen
2. Grillreiniger	b) Kunststein und Kunststoffe
3. Desinfektionsreiniger	c) Backöfen
4. Allzweckreiniger	d) Glasflächen und Spiegel
5. Naturseife	e) Fußböden im Gastraum

Situation zu den Fragen 9 - 10
Ein Reinigungsmittel hat eine 45 % -ige Konzentration. Für die Reinigung der Ladentheke ist laut Anleitung das Reinigungsmittel auf 5 % zu verdünnen.

Frage 9: In welchem Verhältnis müssen das Reinigungskonzentrat und Wasser gemischt werden?

Frage 10: Wie viel Konzentrat wird für 5 Liter Reinigungsmittel benötigt?

Lösungen zu Fragenblock G

Frage 1:
✓ Art der Veranstaltung (z. B. Bankett, Konferenz, Geburtstag, …)
✓ Anzahl der Personen
✓ Raumgröße und Raumform (z. B. quadratischer oder langgestreckter Raum)
✓ Wünsche der Gäste (z. B. kalt / warmes Buffet oder à la carte Service)
✓ Anzahl und Größe der Tische
✓ Platzbedarf und Laufwege der Servicemitarbeiter und Köche

Frage 2: Es ist mit ca. 80 cm Platz pro Gast zu rechnen.

Frage 3: Die Ehrengäste sind am Kopf der Tafel zu platzieren. Sie sollten nicht mit dem Rücken zum Eingang sitzen und den Ablauf der Veranstaltung gut verfolgen können.

Frage 4:
- Besteckteile müssen ca. 1 cm Abstand (Fingerbreite) zur Tischkante haben.
- Das Besteck für den Hauptgang wird zuerst eingedeckt.
- Die Besteckteile müssen seitlich zum Teller genug Abstand haben.
- Benachbarte Besteckteile sollen einen gleichmäßigen Abstand haben.

Frage 5: Die Reinigung muss mindestens 1x wöchentlich durchgeführt werden.

Frage 6:
a) Bügeln mit mittlerer Temperatur.
b) Waschen bei 30 °C, Schonwaschgang.
c) Nicht im Trommeltrockner trocknen.
d) Trommeltrocknen mit niedriger Temperatur
e) Nicht chemisch reinigen.

Frage 7: c

Frage 8: 1d, 2c, 3a, 4e, 5b,

Frage 9:

Konzentrat 45 % ↘ 5 % ↗ 5 = 1 Teil

Wasser 0 % ↗ 5 % ↘ 40 = 8 Teile

Das Mischungsverhältnis ist 1 : 8.

Frage 10: 9 Teile = 5 Liter
1 Teil = X

$$X = \frac{5 \text{ Liter} \times 1 \text{ Teil}}{9 \text{ Teile}}$$ = **0,556 Liter Konzentrat**

H. Marketing I

Situation zu den Fragen 1 - 4
In einem Restaurant nahe eines Einkaufszentrums soll zusätzlich auch Frühstück angeboten werden. Dafür wären Umbaumaßnahmen notwendig und auch zusätzliches Personal müsste eingestellt werden.

Frage 1: Unterscheiden Sie Marktforschung von Marktbeobachtung.

Frage 2: Formulieren Sie 5 Fragen, die mit Hilfe von Marktforschung beantwortet werden sollen.

Frage 3: Welche Gefahr besteht bei der Aufstellung einer Marktprognose?

Frage 4: Erklären Sie die Begriffe „Sekundärforschung“ und „Primärforschung“.

Frage 5: Nennen Sie vier Hauptbestandteile des „Marketing-Mix“.

Frage 6: Erläutern Sie folgende Begriffe aus dem Marketing Bereich:

Corporate Design	Corporate Identity	Sales Promotion	Eye-Catcher

Situation zu den Fragen 7 - 10
Die Restaurantkette „good taste“ eröffnet in einem Nachbarort eine neue Filiale und möchte dafür werben.

Frage 7: Nennen Sie 6 Werbemittel, die sich dafür eignen.

Frage 8: Was wird als Werbeträger bezeichnet? Geben Sie 4 Beispiele.

Frage 9: Welche Grundsätze sollten bei der Werbung beachtet werden?

Frage 10: Welches sind die Bestandteile der AIDA - Formel?

Frage 11: Warum ist „Kundenzufriedenheit“ wichtig? Nennen Sie 4 Gründe.

Situation zu den Fragen 12 - 15
Die Bäckerei Süß überlegt, wie sie den Verkauf von „Weihnachtsstollen“ in ihren 5 Filialen in Hamburg steigern kann.

Frage 12: Was ist unter „Public Relations“ zu verstehen? Nennen Sie 3 Beispiele für PR-Maßnahmen.

Frage 13: Wie werden verkaufsfördernde Maßnahmen genannt, um den Absatz von Produkten zu steigern?

Frage 14: Nennen Sie 4 Maßnahmen, wie die Bäckerei Süß den Verkauf von Stollen steigern kann.

Frage 15: Es wird überlegt einen Plakatdrucker anzuschaffen. Welche Gründe sprechen dafür?

Lösungen zu Fragenblock H

Frage 1:
- Marktbeobachtung ist das unsystematische Erfassen von Daten.
- Marktforschung ist das systematische Gewinnen und Auswerten von Informationen.

Frage 2:
✓ Besteht Bedarf an einem Frühstücksangebot?
✓ Gibt es Mitbewerber?
✓ Wie ist die Kaufkraft?
✓ Welche Frühstücksarten (z. B. Frühstücksbuffet) werden schon angeboten?
✓ Wie ist die Altersstruktur, Einkommensstruktur?

Frage 3: Einflussfaktoren können falsch eingeschätzt werden. Die Prognose ist unsicher, da die Entwicklung in der Zukunft nur geschätzt werden kann. Somit besteht die Gefahr von Fehlinvestitionen.

Frage 4:
Sekundärforschung ist die Beschaffung, Verarbeitung und Auswertung von bereits existierendem Datenmaterial.

Primärforschung ist die Beschaffung, Verarbeitung und Auswertung noch nicht erfasster Daten.

Frage 5:
- Produktpolitik (Produktgestaltung, Produktvariationen, ...)
- Preis- und Konditionenpolitik (Preisfestsetzung, Preisdifferenzierung, ...)
- Distributions- und Vertriebspolitik (Direkter Absatz, Indirekter Absatz, ...)
- Kommunikationspolitik (Wirtschaftlichkeit, Klarheit, Wahrheit, ...)

Frage 6:
Corporate Design: Erscheinungsbild einer Firma, z. B. Logo und Firmenfarben werden bewusst und häufig verwendet.

Corporate Identity: Unternehmensphilosophie, die in allen Bereichen angewandt wird.

Sales Promotion: Verkaufsförderung (oft für ein bestimmtes Produkt)

Eye-Catcher: Blickfang, Gestaltungselement, das Aufmerksamkeit erregt.

Frage 7:

Anzeigen in der örtlichen Zeitung	Werbebriefe und Postsendungen
Werbesendung im Rundfunk (Regional)	Handzettel und Wurfsendungen
Plakate in der Stadt	Regionale Kinowerbung
Internetwerbung (z. B. Gewinnspiel auf der Homepage)	

Frage 8: Unter Werbeträger versteht man das Medium zur Übertragung der Werbebotschaft. Beispiele: Zeitung, Hörfunk, Plakatsäulen, Internet, Fachzeitung

Frage 9:
✓ Werbewirksamkeit: Beim Kunden soll eine Wirkung erzielt werden.
✓ Werbewahrheit: Die Werbung soll richtige Informationen vermitteln.
✓ Werbeklarheit: Dem Kunden soll eine klare Botschaft vermittelt werden.
✓ Wirtschaftlichkeit: Das Kosten-Nutzen-Verhältnis der Werbung soll stimmen.

Frage 10:
A = Attention - Aufmerksamkeit erregen. **I** = Interest - Interesse am Produkt wecken.
D = Desire - Wünsche des Kunden wecken. **A** = Action - Kauf auslösen.

Frage 11:
- Zufriedene Kunden kaufen wieder im Unternehmen.
- Sie machen kostenlose Werbung (Mund-zu-Mund Propaganda).
- Auch andere Produkte des Unternehmens werden gekauft.
- Sie können wertvolle Informationen geben.

Frage 12: PR hat das Ziel, das Ansehen des Unternehmens in der Öffentlichkeit zu verbessern. Das Unternehmen als Ganzes steht im Vordergrund. Wichtig ist, dass Medien mit eingebunden werden.

Beispiele: Sponsoring einer Jugendmannschaft des Handballvereins, Tag der offenen Tür in einer Filiale, Spenden für gemeinnützige Zwecke, ...

Frage 13: Sales Promotion

Frage 14:

Spezielle Schulung der Verkäufer zu den Stollen
Öffentliches Stollenbacken in der Filiale / Produktion
Verteilung von Stollenproben
Anzeigen in der örtlichen Presse schalten
Straßenaufsteller und ansprechende Dekoration im Schaufenster

Frage 15:
✓ Die Herstellung von Plakaten ist günstiger und schneller als durch eine Druckerei.
✓ Saubere und gut lesbare Schrift.
✓ Kopien für mehrere Filialen können leicht und kostengünstig ausgedruckt werden.

I. Marketing II

Frage 1: Nennen Sie betriebsbezogene Einflussfaktoren auf die Marketingstrategie.

Situation zu den Fragen 2 - 3
Das Restaurant fresh im Stadtteil Winterhude in Hamburg möchte mit 4 weiteren fresh Restaurants in Hamburg für ein „Oktoberfest-Angebot" werben. Die Werbekosten belaufen sich auf 4900,00 € und sollen auf die Anzahl der Sitzplätze verteilt werden. Alle Restaurants haben zusammen 240 Plätze. Auf das Restaurant fresh in Winterhude entfallen 60 Plätze.

Frage 2: Wie viel € der Werbekosten entfallen auf das Restaurant fresh in Winterhude?

Frage 3: Zur Vorbereitung werden bei der Werbeplanung verschiedene Fragen gestellt. Ordnen Sie diese Fragen entsprechend zu.

1. In welchem räumlichen Gebiet soll geworben werden?	a) Streuzeit
2. Wie viel Geld wird für die Werbung aufgewandt?	b) Zielgruppe
3. Welcher Kundenkreis wird angesprochen?	c) Streugebiet
4. Wann wird geworben und wie lange?	d) Werbeobjekt
5. Für welche Produkte soll geworben werden?	e) Werbeetat / Werbebudget

Situation zu den Fragen 4 - 6
Sie wirken bei der Ausarbeitung für eine „Italienische Woche" mit.

Frage 4: Nennen Sie 3 Aperitifs und 3 Digestifs aus Italien.

Frage 5: Es wird ein Flyer entworfen, um auf die Aktion aufmerksam zu machen. Wie könnten Sie den Flyer verwenden? Machen Sie 4 Vorschläge.

Frage 6: Womit können Sie das Restaurant oder die Tische passend dekorieren? Nennen Sie 7 passende Dekorationsmittel.

Frage 7: Was ist der Unterschied zwischen einem breiten Sortiment und einem schmalen Sortiment? Nennen Sie je ein Beispiel.

Situation zu den Fragen 8 - 10
Sie werden beauftragt, eine Gästebefragung durchzuführen.

Frage 8: Erläutern Sie kurz folgende Fragetechniken bei einer mündlichen Befragung und geben Sie je ein Beispiel.
- Offene Frage
- Geschlossene Frage
- Suggestivfrage

Frage 9: Nennen Sie 5 Regeln zur Erstellung eines schriftlichen Fragebogens.

Frage 10: Aus vorherigen schriftlichen Befragungen wissen Sie, dass die Rücklaufquote eher niedrig war. Wie lässt sich die Anzahl der Rückläufer erhöhen?

Frage 11: Was ist Customer-Relationship-Management?

Frage 12: Wieso ist ein aktives Beschwerdemanagement wichtig?

Frage 13: Unterscheiden Sie die Begriffe „Produktinnovation“ und „Produktvariation“.

Frage 14: Ein Unternehmen hat durch Marketingmaßnahmen seinen Märzumsatz um 7,5 % auf jetzt 75.350,00 € steigern können. Wie hoch war der Umsatz vor der Steigerung?

Frage 15: Der TSV Neustadt möchte für seine Jubiläumsfeier eine Veranstaltung mit Livemusik bei Ihnen buchen. Sie engagieren eine 4-köpfige Band, die nach dem kalt-warmen Buffet ab 20.00 Uhr bis 24.00 Uhr spielen soll. Ist für die Livemusik eine Genehmigung notwendig? Wenn ja, von wem?

Lösungen zu Fragenblock I

Frage 1:

Standort	Öffnungszeiten	Gästestruktur
Gästefrequenz	Mitarbeiterstruktur	Betriebskosten

Frage 2: 240 Plätze = 4900,00 €
60 Plätze = X

$$X = \frac{4900{,}00\ € \times 60\ \text{Plätze}}{240\ \text{Plätze}} \qquad X = \mathbf{1225{,}00\ €}$$

Frage 3: 1c, 2e, 3b, 4a, 5d

Frage 4:
Aperitifs aus Italien: Prosecco, Campari, Aperol, Martini
Digestifs aus Italien: Fernet Branca, Averna, Ramazotti, Grappa

Frage 5:
✓ Bei befreundeten Unternehmen auslegen.
✓ An Stammgäste versenden.
✓ Schwarze Bretter / Aushänge (z. B. in Supermärkten, Einkaufszentren, …)
✓ Als Beilage in der örtlichen Zeitung / Anzeigenblatt verwenden.
✓ Persönliche Verteilung.

Frage 6:

1. Italienische Flagge aufhängen.
2. Servietten / Tischdecken in Landesfarben
3. Blumen / Tischschmuck in Landesfarben
4. Spezielle Teigwaren im Glas zur Dekoration
5. Weinfass mit italienischen Wein
6. Italienische Musik im Hintergrund
7. Digestif-Tisch mit Grappa, ...
8. Antipasti-Buffet

Frage 7:

Breites Sortiment:	Es werden viele Warengruppen angeboten. Beispiel: Restaurant mit einer großen Auswahl verschiedenartiger Speisen
Schmales Sortiment:	Es werden nur wenige Warengruppen angeboten. Beispiel: Spezialitätenrestaurant

Frage 8:	Beschreibung	Beispiel
Offene Frage	Sie lässt alle möglichen Antworten zu und liefert gute Informationen.	„Was möchten Sie mit der Veranstaltung erreichen?“
Geschlossene Frage	Sie ist durch eine kurze Antwort oder mit „Ja oder Nein“ zu beantworten.	„Soll nach dem Dessert Kaffee angeboten werden?“
Suggestivfrage	Sie legt dem Käufer eine Antwort „in den Mund“ und soll oft beeinflussen oder den Kauf beschleunigen.	„Sie wollen Ihren Gästen doch einen gelungenen Abend bieten?“

Frage 9:
- Gestalten Sie den Fragebogen übersichtlich und nicht zu lang.
- Die Fragen müssen verständlich und klar formuliert werden.
- Keine beeinflussende Fragestellung (Suggestivfragen).
- Die Sprache sollte zur Zielgruppe passen.
- Eindeutige Antwortmöglichkeiten erleichtern die Auswertung.
- Abkürzungen vermeiden.

Frage 10:

✓ Der Sinn der Umfrage muss gut erkennbar sein.
✓ Verwenden Sie überwiegend geschlossene Fragen.
✓ Für das Ausfüllen der Fragebögen können verschiedene Anreize geboten werden, z. B. Gewinnspiele, Give-Aways.

Frage 11: **C**ustomer-**R**elationship-**M**anagement (CRM) bezeichnet die konsequente Ausrichtung einer Unternehmung auf ihre Kunden und die systematische Gestaltung der Kundenbeziehungsprozesse.

Frage 12: Es liefert wichtige Hinweise auf Stärken und Schwächen eines Unternehmens aus Kundensicht. Da sich die Mehrzahl unzufriedener Kunden ohne weiteren Kontakt von einem Unternehmen abwendet, sind Beschwerden für Unternehmen eine zweite wichtige Chance, den Kunden zufriedenzustellen.

Frage 13:
- **Produktinnovation:** Erstellung eines neuartigen Produktes, das es so oder nur in anderer Form auf dem Markt gibt.
- **Produktvariation:** Erstellung von verschiedenen Produktvarianten, um auf viele unterschiedliche Kundenwünsche eingehen zu können.

Frage 14: 107,5 % = 75.350,00 €
100 % = X

$$X = \frac{75.350{,}00\text{ €} \times 100\ \%}{107{,}50\ \%}$$

X = 70.093,02 €

Frage 15: Von der GEMA ist eine gebührenpflichtige Erlaubnis einzuholen.

J. Aufbau- und Ablauforganisation I

Situation zu den Fragen 1 - 5
Sie arbeiten an der Snack- und Kaffeebar und sind auch für die Zubereitung der Kaffeeangebote zuständig. Eingesetzt wird eine Siebträgermaschine.

Frage 1: Nennen Sie Vorbereitungsarbeiten, die vor Ladenöffnung erfolgen sollten.

Frage 2: Wie ist Kaffee zu lagern?

Frage 3: Ein Kunde beschwert sich über das geringe Aroma des Kaffees. Der Kaffee soll früher besser geschmeckt haben. Was könnten Gründe dafür sein?

Frage 4: Erklären Sie kurz die Zubereitung eines Cappuccinos schriftlich für einen neuen Kollegen.

Frage 5: Beschreiben Sie einen fachgerechten Kassiervorgang an der Snack- und Kaffeebar.

Frage 6: Für die Inventur im letzten Jahr haben 6 Mitarbeiter je 5 Stunden benötigt. Dieses Jahr stehen nur 4 Mitarbeiter zur Verfügung. Wie lange wird wohl jeder Mitarbeiter für die Inventur brauchen?

Frage 7: Auf einem Angebot für neue Tischwäsche steht der Ausdruck „Mercerisiert".
Welche Aussagen sind richtig? 3 richtige Antworten

a) Es ist ein Veredlungsverfahren für Baumwolle.
b) Die Tischwäsche bekommt einen seidigen, waschbeständigen Glanz.
c) Die statische Aufladung wird verhindert.
d) Die Behandlung erfolgt durch den Einsatz von Natronlauge.

Situation zu den Fragen 8 - 9
In einem Restaurant der Huber Gastro GmbH arbeiten 10 Fachkräfte für Systemgastronomie. Auf eine gute Teamarbeit wird Wert gelegt.

Frage 8: Nennen Sie 5 Regeln für eine erfolgreiche Teamarbeit.

Frage 9: Welche Vorteile hat die Arbeit im Team? Geben Sie 6 Vorteile an.

Frage 10: 200 ml eines Reinigungskonzentrats sollen laut Anleitung im Verhältnis 1:5 verdünnt werden. Wie viel gebrauchsfertige Reinigungsflüssigkeit erhalten Sie?

Lösungen zu Frageblock J

Frage 1:

✓ Verkaufstresen auf Sauberkeit kontrollieren.
✓ Wechselgeld kontrollieren und evtl. ergänzen.
✓ Verpackungsmaterial auffüllen.
✓ Thekenprodukte einräumen.
✓ Verkaufsartikel einsortieren.
✓ Kaffee kochen.
✓ Kühlschrank auffüllen.
✓ Sahnemaschine auffüllen.
✓ Laden aufschließen.

Frage 2:

✓ Kaffee sollte in einem luftdichten Behältnis gelagert werden.
✓ Kühl, trocken und dunkel lagern.
✓ Gemahlenen Kaffee schnell verbrauchen.

Frage 3:

Kaffee, Mahlung oder Röstung zu alt (Aromen verflüchtigt)	Zu wenig Kaffee	Brühdruck zu niedrig (unter 7 bar)
Mahlung zu grob (Extraktionszeit zu kurz)	Falsche Lagerung	Hartes Wasser

Frage 4:

✓ Große Tasse vorwärmen.
✓ 100 - 150 Milliliter Milch auf ca. 65 °C erwärmen und mit der Dampfdüse der Siebträgermaschine aufschäumen.
✓ Sobald die Milch feinporig geschäumt ist, Milchkanne kurz beiseite stellen.
✓ Jetzt einen Espresso in der vorgewärmten Tasse zubereiten.
✓ Milch und aufgeschäumte Milch langsam zum Espresso in die Tasse gießen.

Frage 5:

1. Einzelbeträge summieren und dem Kunden den Endbetrag deutlich nennen.
2. Geld in Empfang nehmen und (bei größeren Scheinen) unauffällig auf Echtheit prüfen.
3. Geldschein sichtbar außerhalb der Kasse ablegen.
4. Kasse öffnen.
5. Dem Kunden das Rückgeld nennen, vorzählen und aushändigen.
6. Geldschein des Kunden in die Kasse legen und die Kasse schließen.
7. Dem Kunden einen schönen Tag wünschen.

Frage 6: 6 Mitarbeiter = 5 Stunden
4 Mitarbeiter = X

$$X = \frac{5 \text{ Stunden} \times 6 \text{ Mitarbeiter}}{4 \text{ Mitarbeiter}} \qquad X = \mathbf{7{,}5\ Stunden}$$

Frage 7: a, b, d

Frage 8:
✓ Das Team darf eine gewisse Größe nicht überschreiten (max. 10 Mitglieder).
✓ Es muss ein klar verständliches Ziel geben.
✓ Das Team muss die gemeinsame Verantwortung für die Aufgabe tragen.
✓ Jedes Teammitglied hält die Absprachen ein.
✓ Jedes Teammitglied bringt sich konstruktiv und aktiv ein.
✓ Kritik ist erwünscht und wird sachlich vorgebracht.
✓ Aufgaben werden gerecht im Team verteilt.

Frage 9:
- Die Kreativität wird gefördert.
- Zufriedenheit und Arbeitsmoral nehmen zu.
- Vorhandenes Wissen wird genutzt.
- Informationsfluss wird verbessert.
- Problemverständnis steigt, da Mitarbeitende die Hintergründe kennen.
- Gegenseitige Unterstützung wächst.
- Konflikte zwischen Teammitgliedern werden verringert.

Frage 10:
1 Teil = 200 ml
5 Teile = X

$$X = \frac{200 \text{ ml} \times 5}{1} \qquad X = 1000 \text{ ml} = \mathbf{1\ Liter\ Reinigungsflüssigkeit}$$

K. Aufbau- und Ablauforganisation II

Frage 1: Erläutern Sie 4 Ablage- und Ordnungssysteme.

Frage 2: Folgende Monatsumsätze wurden durch Mitarbeiter/-innen erzielt:

Herr Müller: 36.560,00 € Frau Meise: 60.758,00 €
Frau Bollmann: 82.638,50 € Frau Hagen: 50.950,50 €

Wie hoch war der Durchschnittsumsatz pro Mitarbeiter/-in?

Frage 3: Bei der Kontrolle der neuen Speisekarte entdecken Sie folgende Formulierungen. Sind Fehler vorhanden? Wenn ja, berichtigen Sie diese.

a) Seezunge à la meunière
b) Lammfilet auf Provenzalische Art
c) Lachsschnitte nach norweger Art
d) Pfirsich „Melba"
e) Schnitzel v. Kalb, Knödel

Situation zu den Fragen 4 - 5
Das Hotel Sonnenblick benötigt frischen Butterkuchen vom Blech für eine Veranstaltung am nächsten Sonntag. Der Butterkuchen wird auf Blechen der Größe 60 x 40 cm ausgeliefert. Die Stücke haben eine Größe von 10 x 8 cm.

Frage 4: Wie viele Kuchenstücke lassen sich aus einem Blech schneiden?

Frage 5: Wie viele Bleche müssen bestellt werden, wenn ca. 150 Stücke gebraucht werden?

Situation zu den Fragen 6 - 9
Innerhalb des letzten Jahres kam es zu zwei Computerabstürzen. Sie sind damit beauftragt, Maßnahmen zur Datensicherheit und zum Datenschutz einzuleiten.

Frage 6: Nennen Sie 4 Maßnahmen, die zur Erhöhung der Datensicherung beitragen.

Frage 7: Was ist eine Firewall?

Frage 8: Was ist ein Backup?

Frage 9: Welche Speichermedien eigenen sich für die Datensicherung kleinerer und größerer Datenmengen?

Situation zu den Fragen 10 - 11
Keno Taler aus der Personalabteilung hat Zugriff auf personenbezogene Daten der Mitarbeiter/-innen der Südwest Catering GmbH.

Frage 10: In welchem Gesetz ist der Umgang mit personenbezogenen Daten geregelt?

Frage 11: Welche Rechte haben Arbeitnehmer bezüglich ihrer personenbezogenen Daten?

Frage 12: Welches Kommunikationsmittel wäre für nachfolgende Anliegen am geeignetsten?

Anlass der Kommunikation	Kommunikationsmittel
1. Verschiedene Sichtweisen sollen erörtert werden.	a) E-Mail
2. Informationen über aktuelle Ereignisse und weitere Neuigkeiten verteilen.	b) Fax
3. Eine Information an eine oder mehrere ausgewählte Personen weiterleiten.	c) Brief
4. Bestellung auf Formular mit eigenhändiger Unterschrift.	d) persönliches Gespräch / Telefongespräch
5. Einladung zu einem Firmenjubiläum an engere Geschäftsfreunde.	e) Newsletter

Frage 13: Insgesamt haben 530 Kunden an einem Samstag ein Restaurant besucht. Das Restaurant ist von 10.00 Uhr bis 21.00 Uhr geöffnet. Während der Zeit von 15.00 Uhr bis 17.00 Uhr bleibt das Restaurant geschlossen. Wie viele Kunden haben im Durchschnitt das Restaurant pro Stunde besucht? Runden Sie ab.

Situation zu den Fragen 14 - 15
In Ihrem Betrieb wurde ein neues Produkt erfolgreich entwickelt. Dieses Produkt soll jetzt auch in weiteren Filialen eingeführt werden. Sie werden beauftragt eine Besprechung zu organisieren.

Frage 14: Nennen Sie 10 Punkte, die Bestandteile einer Checkliste zur Organisation der Besprechung werden können.

Frage 15: Erstellen Sie eine entsprechende Checkliste für diese und weitere Besprechungen mit Ihrem Textverarbeitungsprogramm.

Lösungen zu Fragenblock K

Frage 1:

- Chronologische Ordnung: Sortierung nach einer zeitlichen Reihenfolge, z. B. Geburtstagen.
- Numerische Ordnung: Sortierung nach Nummern, z. B. Kontonummern.
- Alphabetisches System: Sortierung nach dem Alphabet, z. B. nach Kundennamen.
- Alphanumerische Ordnung: Kombination von alphabetischer und numerischer Ordnung, z. B. A-658. „A“ ist die Grobeinteilung z. B. Angebot, 658 steht für die Feineinteilung, z. B. Angebotsnummer.
- Farbliche Ordnung: Sinnvolle Ergänzung, z. B. Lieferantenadressen im gelben Ordner. Statt Farben können auch Symbole / Piktogramme verwendet werden.

Frage 2: 36.560,00 € + 60.758,00 € + 82.638,50 € + 50.950,50 € = 230.907,00 €

230.907,00 € : 4 = **57.726,75 €**

Frage 3:

a) Falsch: Seezunge à la meunière (Die Vermischung von Sprachen ist zu vermeiden.)	Richtig: Seezunge nach Müllerinart
b) Falsch: Lammfilet auf Provenzalische Art (Regionale Bezeichnungen werden klein geschrieben.)	Richtig: Lammfilet auf provenzalische Art
c) Falsch: Lachsschnitte nach norweger Art (Ableitungen von Ländern und Städtenamen werden groß geschrieben.)	Richtig: Lachsschnitte nach Norweger Art
d) Falsch: Pfirsich „Melba“ (Keine Anführungszeichen bei der Art der Zubereitung.)	Richtig: Pfirsich Melba
e) Falsch: Schnitzel v. Kalb, Knödel (Keine Abkürzungen verwenden, Knödel zu allgemein.)	Richtig: Schnitzel vom Kalb, Kartoffelknödel

Frage 4: 60 cm x 40 cm = 2400 cm² 10 cm x 8 cm = 80 cm²
2400 cm² : 80 cm² = **30 Stücke**

Frage 5: 150 Stücke : 30 Stücke = **5 Bleche**

Frage 6:
✓ Verschlüsselung von Daten
✓ Installierung einer Firewall
✓ Verwendung von geeigneten Passwörtern
✓ Erstellung eines Virenschutzkonzeptes

Frage 7: Eine Firewall kann aus Hard- und Software bestehen und soll verhindern, dass Unberechtigte Zugriff (z. B. auf das Firmennetz) bekommen.

Frage 8: Es ist eine Sicherheitskopie der Originaldaten auf einem anderen Datenträger. Im Falle eines Datenverlustes können dadurch die Originaldaten wieder hergestellt werden.

Frage 9:
Kleine Datenmengen: USB-Stick (auch gut für den Transport von Daten), DVD (auch gut zur Archivierung von Daten)

Große Datenmengen: Server (z. B. Back-Up Server), externe Festplatte, Cloud (Wichtig ist ein vertrauenswürdiger Partner.)

Frage 10: Der Umgang ist im Bundesdatenschutzgesetz geregelt.

Frage 11:

Auskunftsrecht:	Welche Daten werden gespeichert und zu welchem Zweck?
Berichtigungsrecht:	Unrichtige Daten sind zu korrigieren.
Recht auf Löschung:	Unzulässige Daten oder nicht mehr benötigte Daten sind zu löschen.
Recht auf Sperrung:	Wird die Richtigkeit vom Betroffenen bestritten, sind die Daten zu sperren.

Frage 12: 1d, 2e, 3a, 4b, 5c

Frage 13: 530 Kunden : 9 Stunden Öffnungszeit = 58,88 = **58 Kunden pro Stunde**

Frage 14 und 15:

- ✓ Festlegen des Teilnehmerkreises (intern oder extern).
- ✓ Ort und Räumlichkeiten festlegen (intern oder extern).
- ✓ Tagesordnung festlegen (Beginn, Ende, Pausen, Zeitrahmen).
- ✓ Unterlagen zusammenstellen.
- ✓ Einladungen entwerfen (Thema der Besprechung, Wo und Wann).
- ✓ Einladung und weitere Unterlagen verschicken (E-Mail, Post, Hauspost).
- ✓ Rückläufer der Einladung bearbeiten (Vollständigkeit, Nachfragen).
- ✓ Bewirtung / Catering organisieren (intern oder extern).
- ✓ Technik bereitstellen und auf Funktion überprüfen (Beamer, Laptop, Whiteboard…).
- ✓ Sitzplan erstellen (wenn nötig).
- ✓ Protokollant ernennen und Protokollart festlegen (Verlaufs- oder Ergebnisprotokoll).
- ✓ Feedbackbogen entwerfen.

Checkliste - Besprechung

- ☐ Festlegen des Teilnehmerkreises
    - Interne Teilnehmer
    - Teilnehmer außerhalb des Unternehmens
- ☐ Ort und Räumlichkeiten festlegen
    - intern
    - extern
- ☐ Tagesordnung festlegen (Beginn, Ende, Pausen, Zeitrahmen)
- ☐ Unterlagen zusammenstellen
- ☐ Einladungen entwerfen (Thema der Besprechung, Wo und Wann)
- ☐ Einladung und weitere Unterlagen verschicken
    - Per Email
    - Per Post
    - Hauspost
- ☐ Rückläufer der Einladung bearbeiten
    - Vollständiger Rücklauf
    - Nachfragen, wenn keine Rückmeldung erfolgt
- ☐ Bewirtung / Catering organisieren
    - Intern
    - extern
- ☐ Technik bereitstellen und auf Funktion überprüfen
    - Beamer
    - Laptop
    - Whiteboard
    - ……..
- ☐ Sitzplan erstellen (wenn nötig)
- ☐ Protokollant ernennen und Protokollart festlegen
    - Verlaufsprotokoll
    - Ergebnisprotokoll
- ☐ Feedbackbogen entwerfen

Paul Prüfling

II. Steuerung und Kontrolle, Personalwesen

A. Kostenkontrolle

Frage 1: Ordnen Sie folgende Kennzahlen entsprechend zu.

1. $\frac{\text{Leistungen}}{\text{Kosten}}$	a) Produktivität
2. $\frac{\text{Umsatz}}{\text{Stunden der Mitarbeiter}}$	b) Umsatzrentabilität
3. $\frac{\text{Gewinn x 100}}{\text{Eigenkapital}}$	c) Wirtschaftlichkeit
4. $\frac{\text{Gewinn x 100}}{\text{Umsatz}}$	d) Eigenkapitalrentabilität

Situation zu den Fragen 2 - 3
Der Restaurant- und Bankettumsatz betrug im letzten Jahr 4.523.587,78 €. Die variablen Kosten betrugen 789.567,21 €. Die fixen Kosten beliefen sich auf 2.921.698,87 €.

Frage 2: Ermitteln Sie den Gewinn.

Frage 3: Im neuen Jahr soll der Umsatz um 7 % gesteigert werden. Die variablen Kosten sollen durch effektivere Arbeitsabläufe gesenkt werden. Welche Auswirkungen sind bei den Fixkosten zu erwarten?

a) Die Fixkosten sinken.
b) Die Fixkosten steigen.
c) Die Fixkosten bleiben gleich.
d) Die Fixkosten verhalten sich proportional zu den variablen Kosten.

Situation zu den Fragen 4 - 5
Es werden von der Buchhaltung folgende Zahlen geliefert:
Eigenkapital: 250.000,00 €
Fremdkapital: 400.000,00 €
Umsatzerlöse: 2.8 Mio. €
Gewinn: 75.000,00 €
Zinsaufwendungen: 24.000,00 €

Frage 4: Wie hoch ist die Eigenkapitalrentabilität?

Frage 5: Rechnen Sie die Umsatzrentabilität aus.

Frage 6: Eine Flasche Wein kostet im Restaurant inkl. 19 % Umsatzsteuer 24,50 €. Die variablen Kosten betragen 7,65 €. Berechnen Sie den Deckungsbeitrag.

Frage 7: Sie sollen die Entwicklung des Umsatzes der letzten 14 Tage im Bistro feststellen. Welche Unterlagen brauchen Sie dafür? 1 richtige Antwort

a) Die entsprechenden Rechnungen der Lieferanten der letzten 14 Tage
b) Die Dienstpläne der entsprechenden Verkaufsmitarbeiter/-innen der letzten 14 Tage
c) Die Verkaufsdaten pro Artikel der entsprechenden Abteilung der letzten 14 Tage
d) Die Umsatzsteuererklärung des entsprechenden Zeitraumes

Frage 8: Eine Cafebar hat ihren Umsatz um 7,5 Prozent auf jetzt 75.350,00 € steigern können. Wie hoch war der Umsatz vor der Steigerung?

Frage 9: Was ist der Unterschied zwischen „Fixen Kosten" und „Variablen Kosten"? Nennen Sie je 2 Beispiele pro Kostenart.

Situation zu den Fragen 10 - 13
Die Event Catering GmbH bietet für Gesellschaften 4 verschiedene Arrangements inkl. einer Auswahl an Getränken an. Sie erhalten folgende Daten für das letzte Quartal.

Arrangements	**A**	**B**	**C**	**D**
Verkaufspreis	75,90 €	95,20 €	102,75 €	152,90 €
Variable Kosten pro Arrangement	24,86	45,58 €	58,68 €	76,85
Absatzmenge	3500	2750	1950	1230

Frage 10: Wie hoch ist der Deckungsbeitrag pro Arrangement?

Frage 11: Wie hoch ist der Deckungsbeitrag pro Arrangement im Quartal?

Frage 12: Wie hoch ist der Deckungsbeitrag aller Arrangements im Quartal?

Frage 13: Wie hoch ist der Gewinn für das Quartal, wenn die fixen Kosten pro Monat 125.000,00 € betragen?

Frage 14: Welche Aufgaben hat die Kostenstellenrechnung? 2 richtige Antworten

a) Überwachung der Kosten in den einzelnen Betriebsabteilungen.
b) Es werden die Kostenstellen auf das einzelne Produkt umgelegt.
c) Durch die Kostenstellenrechnung wird der Endpreis des Produktes kalkuliert.
d) Verteilung der Kostenarten auf die Kostenstellen.

Frage 15: Welche Aussagen zur Kostenträgerrechnung sind richtig? 2 richtige Antworten

a) Die Kostenträgerrechnung ist für Handelsbetriebe vorgeschrieben.
b) In der Kostenträgerrechnung wird festgestellt, für welches Produkt die Kosten entstanden sind.
c) Die Kostenträgerrechnung wandelt Fixkosten in variable Kosten um.
d) Die Kostenträgerrechnung baut auf der Kostenartenrechnung und Kostenstellenrechnung auf.

Lösungen zu Fragenblock A

Frage 1: 1c, 2a, 3d, 4b

Frage 2:

Umsatz	4.523.587,78 €
- variable Kosten	789.567,21 €
- fixe Kosten	2.921.698,87 €
Gewinn	**812.321,70 €**

Frage 3: c

Frage 4:

$$\text{Eigenkapitalrentabilität} = \frac{\text{Gewinn x 100}}{\text{Eigenkapital}} = \frac{75.000{,}00\ € \text{ x } 100}{250.000{,}00\ €} = \mathbf{30\ \%}$$

Frage 5:

$$\text{Umsatzrentabilität} = \frac{\text{Gewinn x 100}}{\text{Umsatz}} = \frac{75.000{,}00\ € \text{ x } 100}{2.800.000{,}00\ €} = \mathbf{2{,}68\ \%}$$

Frage 6:

119 % = 24,50 €
100 % = X

$$X = \frac{24{,}50\ € \text{ x } 100\ \%}{119\ \%} \qquad X = 20{,}59\ € \text{ (netto)}$$

Umsatzerlöse - Variable Kosten = Deckungsbeitrag

20,59 € - 7,65 € = **12,94 €**

Frage 7: c

Frage 8:

107,5 % = 75.350,00 €
100 % = X

$$X = \frac{75.350{,}00\ € \text{ x } 100\ \%}{107{,}50\ \%} \qquad X = \mathbf{70.093{,}02\ €}$$

Frage 9:
Fixe Kosten fallen unabhängig vom Umsatz an. Sie sind für einen bestimmten Zeitraum konstant.
Beispiele: Miete, Pacht, Abschreibung

Variable Kosten sind abhängig vom getätigten Umsatz. Sie sinken oder steigen mit dem Umsatz.
Beispiele: Wareneinsatz, Verkäuferprovision, Verpackungsmaterial

Frage 10 und 11:

Arrangements	A	B	C	D
Verkaufspreis	75,90 €	95,20 €	102,75 €	152,90 €
Variable Kosten pro Arrangement	24,86 €	45,58 €	58,68 €	76,85 €
Absatzmenge	3500	2750	1950	1230
Deckungsbeitrag pro Arrangement	**51,04 €**	**49,62 €**	**44,07 €**	**76,05 €**
Deckungsbeitrag im Quartal	**178.640,00 €**	**136.455,00 €**	**85.936,50 €**	**93.541,50 €**

Frage 12: 178.640,00 € + 136.455,00 € + 85.936,50 € + 93.541,50 € = **494.573,00 €**

Frage 13: 494.573,00 € - 375.000,00 € = **119.573,00 € Gewinn im Quartal**

Frage 14: a, d

Frage 15: b, d

B. Kennzahlen

Frage 1: Welche Auswirkungen hat ein zu großer Lagerbestand?
Nennen Sie 3 Beispiele.

Frage 2: Nach welcher Formel wird der Meldebestand berechnet? 1 richtige Antwort

a) $\frac{\text{Anfangsbestand + Endbestand}}{2}$
b) Tagesbedarf x Lieferzeit
c) Tagesbedarf x Lieferzeit + Mindestbestand
d) Tagesbedarf x Lieferzeit - Mindestbestand

Frage 3: Bei der Inventur wurden folgende Werte festgehalten:
Anfangsbestand: 20.000 €, Summe der 12 Monatsendbestände: 180.000 €, Warenverbrauch: 172.000 €. Ermitteln Sie den durchschnittlichen Lagerbestand.

Situation zu den Fragen 4 - 7

Eine Lagerkartei weist folgende Werte auf:

Datum:	Zugang:	Abgang:	Bestand:
01.01.			58
14.01.		18	40
02.02.	60		100
18.02.		15	85
25.03.		20	65
28.03.		8	57
15.04.		18	39
20.05.	61		100
23.06.		34	66
12.07.		18	48
10.08.		10	38
29.09.	62		100
14.10.		15	85
15.11.		20	65
26.12.		10	55

Frage 4: Wie hoch ist der durchschnittliche Lagerbestand? Rechnen Sie auf der Grundlage von 12 Monatsendwerten.

Frage 5: Berechnen Sie die Umschlaghäufigkeit.

Frage 6: Nennen Sie 3 Maßnahmen, die zur Erhöhung der Lagerumschlaghäufigkeit führen können.

Frage 7: Wie hoch ist die durchschnittliche Lagerdauer?

Situation zu den Fragen 8 - 11
Sie erhalten folgende Informationen zur Berechnung von Kennzahlen für das vergangene Jahr zur Verfügung gestellt:

- Ruhetage: 4	- Anzahl der Gäste: 95.665	- Sitzplätze: 64	- Mitarbeiter/-innen: 22
- Anzahl der verkaufen Speisen: 56.549		- Jahresumsatz: 1.504.690 €	

Frage 8: Berechnen Sie den Jahresumsatz pro Mitarbeiter /-in.

Frage 9: Wie hoch ist der durchschnittliche Umsatz pro Gast?

Frage 10: Wie hoch ist der Umsatz pro Sitzplatz pro Tag?

Frage 11: Berechnen Sie die Anzahl der Gäste pro Sitzplatz am Tag.

Situation zu den Fragen 12 - 14
Aus der aktuellen Gewinn- und Verlustrechnung erhalten Sie nachfolgendes Zahlenmaterial:

Gewinn (Betriebsergebnis):	65.000,00 €
Umsatzerlöse:	720.000,00 €
Materialkosten:	122.000,00 €
Personalkosten:	105.000,00 €
Zinsaufwendungen:	8.500,00 €
Abschreibungen auf Anlagen:	25.600,00 €
Eigenkapital:	300.000,00 €
Fremdkapital:	240.000,00 €

Frage 12: Berechnen Sie den Cashflow.

Frage 13: Wie hoch ist die Gesamtkapitalrentabilität?

Frage 14: Berechnen Sie die Umsatzrentabilität.

Frage 15: Was wird durch folgende Formel berechnet? 1 richtige Antwort

$$\frac{\text{Fixkosten}}{\text{Deckungsbeitrag pro Stück}}$$

a) Break-Even-Point
b) Deckungsbeitrag
c) Cashflow
d) Liquidität 1. Grades

Lösungen zu Fragenblock B

Frage 1:

✓ Kapital wird gebunden.
✓ Ein zu großer Lagerbestand führt bei verderblichen Waren zu Schwund.
✓ Lagerraum wird benötigt.

Frage 2: c

Frage 3:

$$\text{Durchschn. Lagerbestand} = \frac{\text{Anfangsbestand} + 12 \text{ Monatsendbestände}}{13} =$$

$$\frac{20.000\text{ €} + 180.000\text{ €}}{13} = \mathbf{15.384{,}62\text{ €}}$$

Frage 4:

$$\text{Durchschnittl. Lagerbestand} = \frac{\text{Anfangsbestand} + 12 \text{ Monatsendbestände}}{13} = \frac{58 + 778}{13} = \mathbf{64{,}31}$$

Frage 5:

$$\text{Umschlaghäufigkeit} = \frac{\text{Verbrauch}}{\text{Durchschnitt. Lagerbestand}} = \frac{186}{64{,}31} = \mathbf{2{,}89}$$

Frage 6:

✓ Optimierung des Sortiments
✓ Verminderung des Lagerbestandes, z. B. durch Verkürzung der Lieferzeiten
✓ Erhöhung des Verkaufes, z. B. durch Werbemaßnahmen

Frage 7:

$$\text{Durchschn. Lagerdauer} = \frac{360 \text{ Tage}}{\text{Umschlaghäufigkeit}} = \frac{360}{2{,}89} = \mathbf{124{,}57\ Tage}$$

Frage 8:

$$\text{Umsatz pro Mitarbeiter/-in} = \frac{\text{Jahresumsatz}}{\text{Anzahl der Mitarbeiter/-innen}} = \frac{1.504.690\text{ €}}{22}$$

$$= \mathbf{68.395{,}00\text{ €}}$$

Frage 9:

$$\text{Umsatz pro Gast} = \frac{\text{Jahresumsatz}}{\text{Anzahl der Gäste}} = \frac{1.504.690\text{ €}}{95.665} = \mathbf{15{,}73\text{ €}}$$

Frage 10:

$$\text{Umsatz Sitzplatz pro Tag} = \frac{\text{Jahresumsatz}}{\text{Sitzplätze x Öffnungstage}} = \frac{1.504.690\ €}{\text{64 Sitzplätze x 361 Öffnungstage}}$$

= **65,13 €**

Frage 11:

$$\text{Gäste pro Sitzplatz / Tag} = \frac{\text{Anzahl der Gäste}}{\text{Sitzplätze x Öffnungstage}} = \frac{95.665}{64 \text{ x } 361} = 4{,}141 \text{ Gäste}$$

Frage 12:

Cashflow = Gewinn + Abschreibungen auf Anlagen

65.000,00 € + 25.600,00 € = **90.600,00 € Cashflow**

Frage 13:

$$\text{Gesamtkapitalrentabilität} = \frac{\text{(Gewinn + Zinsen Fremdkapital) x 100}}{\text{Gesamtkapital}}$$

$$\text{Gesamtkapitalrentabilität} = \frac{(65.000{,}00\ € + 8500{,}00\ €) \text{ x } 100}{540.000{,}00\ €} = \mathbf{13{,}61\ \%}$$

Frage 14:

$$\text{Umsatzrentabilität} = \frac{\text{Gewinn x 100}}{\text{Umsatz}} = \frac{65.000{,}00\ € \text{ x } 100}{720.000{,}00\ €} = \mathbf{9{,}03\ \%}$$

Frage 15: a

C. Warenwirtschaft I

Situation zu den Fragen 1 - 2
Sie werden beauftragt mehrere Lieferungen anzunehmen.

Frage 1: Bei der Kontrolle des Lieferanten Assel bemerken Sie, dass die Anzahl der Essigflaschen nicht mit der auf dem Lieferschein übereinstimmt. Was ist zu tun?
1 richtige Antwort

a) Sie verweigern die Annahme der gesamten Lieferung.
b) Sie lassen sich bei der Annahme den Mangel in der Menge auf dem Lieferschein bestätigen.
c) Sie übersehen den Mangel.
d) Sie weisen die Buchhaltung an, den Rechnungsbetrag entsprechend zu kürzen.

Frage 2: Der Konditor liefert eine Hochzeitstorte, die für die gestrige Hochzeit gedacht war. Wie verhalten Sie sich? 1 richtige Antwort

a) Sie lehnen die Lieferung ab, da sie an einen bestimmten Zeitpunkt gebunden war (Fixkauf).
b) Sie müssen die Lieferung annehmen, da Sie die Hochzeitstorte bestellt haben.
c) Sie nehmen die Lieferung an, müssen sie aber nicht bezahlen.
d) Sie nehmen die Lieferung an und frieren die Torte für die nächste Hochzeit ein.

Frage 3: Wann ist ein versteckter Mangel zu rügen? 1 richtige Antwort

a) Spätestens 4 Wochen nach Entdeckung des Mangels
b) Versteckte Mängel können nicht gerügt werden.
c) Sofort nach Entdeckung des Mangels
d) Bei Wareneingang

Frage 4: Innerhalb welcher Fristen sind offene Mängel zu rügen? 1 richtige Antwort

a) Ein offener Mangel ist innerhalb von 4 Wochen nach Entdeckung zu rügen.
b) Ein offener Mangel ist unverzüglich zu rügen.
c) Der Mangel braucht nicht gerügt zu werden. Es erfolgt ein entsprechender Abzug vom Kaufpreis.
d) Ein offener Mangel ist innerhalb von 14 Tagen zu rügen.

Frage 5: Bei der Kontrolle einer Lieferung bemerken Sie, dass statt 6 kg Schweinerücken 16 kg Schweinerücken geliefert wurden. Wie verhalten Sie sich? 1 richtige Antwort

a) Die Lieferung behalten, aber nicht bezahlen.
b) Die zu viel gelieferte Menge selbst zum Lieferanten bringen.
c) Die Lieferung behalten und auch bezahlen.
d) Den Lieferanten informieren und das Fleisch bis zur Abholung fachgerecht lagern.

Frage 6: Gelieferte Waren sind beim zweiseitigen Handelskauf unverzüglich zu prüfen. Was ist damit gemeint? 1 richtige Antwort

a) Die Überprüfung muss innerhalb von 7 Tagen erfolgen.
b) Die Überprüfung muss zusammen mit dem Lieferanten erfolgen.
c) Die Überprüfung muss ohne schuldhafte Verzögerung erfolgen.
d) Die Überprüfung sollte zusammen mit der Auszeichnung der Ware erfolgen.

Frage 7: Welche Aussagen zum Mindesthaltbarkeitsdatum und Verbrauchsdatum sind richtig? Ordnen Sie entsprechend zu.

1. Das Mindesthaltbarkeitsdatum gibt an, wie lange das Lebensmittel bei sachgemäßer Lagerung mindestens haltbar ist.	
2. Nach Ablauf des Mindesthaltbarkeitsdatums muss das Lebensmittel entsorgt werden.	a) Richtig
3. Wenn die Ware nach Ablauf des Mindesthaltbarkeitsdatums nach Prüfung einwandfrei ist, kann sie verzehrt werden.	b) Falsch
4. Nach Ablauf des Verbrauchsdatums darf die Ware nicht mehr verwendet werden.	

Frage 8: Wie hoch darf die Temperatur in Tiefkühlräumen höchstens sein?

Frage 9: Bei welcher Temperatur / Luftfeuchtigkeit sollte Gemüse und Obst gelagert werden? 1 richtige Antwort

a) Temperatur um den Gefrierpunkt und niedrige Luftfeuchtigkeit
b) Temperatur von 2 Grad bei hoher Luftfeuchtigkeit
c) Temperatur von 6 - 8 Grad und geringe Luftfeuchtigkeit
d) Temperatur von 6 - 8 Grad und hohe Luftfeuchtigkeit

Frage 10: Welches Produkt ist bei der Warenannahme zuerst zu versorgen? 1 richtige Antwort

a) Frischer Spinat
b) Tiefgefrorenes Schweinefilet
c) Dosenfrüchte
d) Ganzer, frischer Lachs

Frage 11: Der Fischlieferant liefert. Woran können Sie frischen Fisch erkennen? 2 richtige Antworten

a) Der Fisch soll einen erkennbaren Eigengeruch vorweisen.
b) Die Kiemen sollten rot sein.
c) Es dürfen bei Druck in das Fleisch keine Dellen zurückbleiben.
d) Die Schleimschicht um den Fisch ist vollkommen getrocknet.

Frage 12: Welche Ziele werden mit einem Warenwirtschaftssystem verfolgt? Ordnen Sie entsprechend zu.

1. Optimierung des Sortiments	
2. Überwachung der Bestände	a) Richtig
3. Optimierung der Einkommenssteuer	b) Falsch
4. Überwachung der Lagerkosten	

Frage 13: Was ist der Zweck der Inventur? 1 richtige Antwort

a) Sie ist eine wichtige Grundlage für den Jahresabschluss eines Unternehmens.
b) Sie gibt Aufschlüsse über die Höhe des Meldebestandes.
c) Sie entscheidet über die Konditionen bei Bankkrediten.
d) Sie wird benötigt, um „Renner“ im Sortiment auszumachen.

Frage 14: Bringen Sie die Arbeitsschritte einer Inventur in die richtige Reihenfolge.

( ): Zählen, Messen, Wiegen.

( ): Vornehmen von Bestandskorrekturen bei Inventurdifferenzen.

( ): Erstellung der Inventurbelege.

( ): Verteilung der Inventurbelege an die Mitarbeiter/innen.

( ): Speichern der Inventurergebnisse im Warenwirtschaftsprogramm.

( ): Eintragung der Ergebnisse in die Inventurbelege.

Frage 15: Wie können Inventurdifferenzen vermieden werden? 2 richtige Antworten

a) Vermeidung von Diebstahl
b) Sorgfältige Erfassung der Wareneingänge
c) Verzicht auf mobile Datenerfassungsgeräte
d) Heraufsetzung des Mindestbestandes

Lösungen zu Fragenblock C

Frage 1: b

Frage 2: a

Frage 3: c

Frage 4: b

Frage 5: d

Frage 6: c

Frage 7: 1a, 2b, 3a, 4a

Frage 8: -18 Grad

Frage 9: d

Frage 10: b

Frage 11: b, c

Frage 12: 1a, 2a, 3b, 4a

Frage 13: a

Frage 14: Reihenfolge: 3-6-1-2-5-4

Erstellung der Inventurbelege; Verteilung der Inventurbelege an die Mitarbeiter/innen; Zählen, Messen, Wiegen; Eintragung der Ergebnisse in die Inventurbelege; Speichern der Inventurergebnisse im Warenwirtschaftsprogramm; Vornehmen von Bestandskorrekturen bei Inventurdifferenzen.

Frage 15: a, b

D. Warenwirtschaft II

Frage 1: Beim Wareneingang werden 50 neue Steakmesser nicht erfasst. Welche Auswirkungen hat das? 2 richtige Antworten

a) Der gespeicherte Lagerbestand stimmt nicht mit dem tatsächlichen Lagerbestand überein.
b) Die Lagerumschlagshäufigkeit wird erhöht.
c) Es könnte eine unnötige Bestellung vom Warenwirtschaftssystem veranlasst werden.
d) Die Rechnung des Lieferanten wird zu früh gezahlt.

Situation zu den Fragen 2 - 4
Für ein Mittagessen für 20 Personen ist Roastbeef kalt mit Bratkartoffeln bestellt.

Frage 2: Sie rechnen mit 180 Gramm Roastbeef pro Person, die auf dem Teller liegen sollen. Wieviel kg Roastbeef benötigen Sie, wenn mit 15 % Parierverlust und 8 % Bratverlust zu rechnen ist?

Frage 3: Für die Bratkartoffeln (aus Pellkartoffeln) werden 300 Gramm Kartoffeln pro fertige Portion benötigt. Sie rechnen mit 5 % Kochverlust und 20 % Schälverlust. Wieviel kg rohe Kartoffeln werden benötigt?

Frage 4: Wie werden rohe Kartoffeln gelagert? 3 richtige Antworten

a) Nicht hoch aufschütten (max. 40 cm).
b) Keine Lichteinwirkung
c) Bei ca. 16 °C Lagertemperatur
d) Bei ca. 4 °C Lagertemperatur

Situation zu den Fragen 5 - 6
Das Grundrezept für eine Erdbeerbowle für 12 Personen lautet:
1 kg frische Erdbeeren, 60 g Zucker, 150 ml Wodka
2 Flaschen Sekt, 1 Flasche Weißwein (am besten lieblich),
frische Minze und Eiswürfel

Frage 5: Wie viel Sekt müssen Sie für 40 Personen anfordern? Runden Sie auf volle Flaschen auf.

Frage 6: Was müssen Sie an mise en place für die Ausgabe bereitstellen?

Frage 7: Für ein Frühstücksbuffet werden 3 Liter frisch gepresster Orangensaft benötigt. Wie viel kg Orangen brauchen Sie, wenn die Saftausbeute 75 % beträgt?

Situation zu den Fragen 8 - 9
Eine Flasche Grappa mit 0,7 Liter Inhalt kostet im Einkauf 18,00 Euro.
Es ist mit einem Schankverlust von 4 cl zu rechnen.

Frage 8: Wieviel Gläser à 2 cl können ausgeschenkt werden?

Frage 9: Wie hoch sind die Materialkosten für ein Glas Grappa?

Situation zu den Fragen 10 - 11
Die Einkaufskosten für Reinigungsmittel im Küchenbereich sind in der letzten Zeit stark gestiegen.

Frage 10: Wo können Sie Informationen über andere Lieferanten bekommen?

Frage 11: Was bedeutet der Vermerk „freibleibend“ der Firma Müller Hygiene GmbH auf einem Angebot?

Frage 12: Auf eine Anfrage bei einem Lieferanten von regionalen Produkten erhalten Sie ein Angebot. Ist dadurch ein Kaufvertrag zustande gekommen?

Frage 13: Welche Aussagen zum Lieferverzug sind richtig? 2 richtige Antworten

a) Ist der Liefertermin kalendermäßig festgelegt (z. B. 26.03.20..), kommt der Lieferant erst nach Empfang einer Mahnung in Verzug.
b) Ist der Liefertermin kalendermäßig festgelegt (z. B. 26.03.20..), kommt der Lieferant nach Überschreiten des Termins automatisch in Verzug.
c) Erklärt der Lieferant, dass er nicht liefern kann, kommt er ohne Mahnung in Verzug.
d) Erklärt der Lieferant, dass er nicht liefern kann, kommt er nicht in Verzug.

Frage 14:
In der kalten Küche wird ein Speck-Zwiebel-Dip nach folgendem Grundrezept (für 8 Personen) hergestellt:

Material	Menge	Preise
Speck	250 Gramm	4,48 € pro kg
Zwiebeln	2 mittelgroße Zwiebeln à 170 Gramm	3,89 € pro kg
Schmand	300 Gramm	2,30 € pro kg
Frischkäse	400 Gramm	3,45 € pro kg
Sahne	0,1 Liter	2,50 € pro L

Wie hoch sind die Materialkosten für 20 Personen?

Frage 15: Sie werden aufgefordert, ein neues Passwort für das Warenwirtschaftssystem einzurichten. Welches wäre geeignet? 1 richtige Antwort

a) Ihr Nachname, da leicht zu merken.
b) Ihr Vornahme, da ein persönlicher Bezug besteht.
c) Ihr Geburtsdatum
d) Eine Kombination aus Zahlen, Buchstaben und Sonderzeichen

Lösungen zu Fragenblock D

Frage 1: a, c

Frage 2: 180 g x 20 Personen = 3600 Gramm

92 % = 3600 Gramm
100 % = X

$$X = \frac{3600 \text{ Gramm} \times 100\ \%}{92\ \%} \qquad X = 3913 \text{ Gramm}$$

85 % = 3913 Gramm
100 % = X

$$X = \frac{3913 \text{ Gramm} \times 100\ \%}{85\ \%} \qquad X = 4604 \text{ Gramm}$$

= **4,605 kg**

Frage 3: 300 Gramm x 20 Personen = 6000 Gramm

80 % = 6000 Gramm
100 % = X

$$X = \frac{6000 \text{ Gramm} \times 100\ \%}{80\ \%} \qquad X = 7500 \text{ Gramm}$$

95 % = 7500 Gramm
100 % = X

$$X = \frac{7500 \text{ Gramm} \times 100\ \%}{95\ \%} \qquad X = 7895 \text{ Gramm}$$

= 7,895 kg

Frage 4: a, b, d

Frage 5:
12 Personen = 2 Flaschen Sekt
40 Personen = x

$$x = \frac{2 \text{ Flaschen Sekt} \times 40 \text{ Personen}}{12 \text{ Personen}} \qquad X = 6{,}66 = 7 \text{ Flaschen}$$

Frage 6:
- ✓ Spezielles Bowlegefäß mit Kühlung von außen an heißen Tagen
- ✓ Bowlegläser
- ✓ Bowlespieße (kleine Gabeln)

Frage 7: 75 % = 3 kg
100 % = X

$$X = \frac{3 \text{ kg} \times 100\ \%}{75\ \%} \qquad \mathbf{X = 4\ kg}$$

Frage 8: 70 cl - 4 cl = 66 cl 66 cl : 2 cl = **33 Gläser Grappa**

Frage 9: 33 Gläser = 18,00 Euro
1 Glas = X **X = 0,55 €**

Frage 10:

<table>
<tr><td colspan="2">Fachmessen</td><td colspan="2">Recherche im Internet</td><td colspan="2">Prospekte von Herstellern</td></tr>
<tr><td colspan="3">Fachzeitungen und Fachzeitschriften</td><td colspan="3">Vertreterbesuche</td></tr>
</table>

Frage 11: Mit dieser Freizeichnungsklausel schließt die Firma Müller GmbH eine rechtliche Bindung an das Angebot aus.

Frage 12: Nein, das Angebot muss noch angenommen werden.

Frage 13: b, c

Frage 14:

Material	**Menge**	**Preise**	
Speck	250 Gramm	4,48 € pro kg	0,25 x 4,48 € = 1,12 €
Zwiebeln	2 mittelgroße Zwiebeln à 170 Gramm	3,89 € pro kg	0,34 x 3,89 € = 1,32 €
Schmand	300 Gramm	2,30 € pro kg	0,3 x 2,30 € = 0,69 €
Frischkäse	400 Gramm	3,45 € pro kg	0,4 x 3,45 € = 1,38 €
Sahne	1/10 Liter	2,50 € pro L	0,1 x 2,50 € = 0,25 €
Summe:			**4,76 €**

8 Personen = 4,76 €
20 Personen = X

$$X = \frac{4{,}76\ € \times 20\ \text{Personen}}{8\ \text{Personen}}$$

X = 11,90 €

Frage 15: d

E. Warenwirtschaft III

Frage 1: Welche Kosten gehören bei der Warenkalkulation zu den Bezugskosten?
2 richtige Antworten

a) Verpackung b) Rabatt c) Fracht d) Skonto

Frage 2: Ein Gast möchte für eine Familienfeier für insgesamt 10 Personen nicht mehr als 650,00 € ausgeben. Wie hoch dürfen die Materialkosten sein, wenn der Kalkulationsfaktor 4,5 beträgt?

Situation zu den Fragen 3 - 4
Das Restaurant „Zum Storch“ kalkuliert mit folgenden Werten:
180 % Gemeinkosten
30 % Gewinn
10 % Umsatzbeteiligung
19 % Umsatzsteuer

Frage 3: Errechnen Sie den Inklusivpreis, wenn die Materialkosten für ein 3-Gang-Menü 7,25 € betragen.

Frage 4: Wie hoch ist der Gesamtaufschlag in Prozent?

Situation zu den Fragen 5 - 7
Für eine Melonenbowle erhalten Sie 2 Kisten mit je 6 Melonen mit einem Gesamtgewicht von 6 kg. Die Tara je Kiste beträgt 200 g.

Frage 5: Wie viel kg Melone erhalten Sie?

Frage 6: Wie viel % vom Gesamtgewicht entfällt auf die Kisten?

Frage 7: Wie teuer ist eine Melone, wenn Sie für die gesamte Lieferung 39,00 € bezahlt haben.

Situation zu den Fragen 8 - 9
Sie erhalten ein Angebot für Zellstoffservietten. Ein Paket kostet 4,50 € netto. Ab 10 Paketen erhalten Sie einen Rabatt von 15 %. Bei Zahlung innerhalb von 7 Tagen wird Ihnen 3 % Skonto gewährt.

Frage 8: Wie teuer ist ein Paket Zellstoffservietten, wenn Sie 8 Pakete bestellen und nach 30 Tagen die Rechnung bezahlen?

Frage 9: Wie teuer ist ein Paket Zellstoffservietten, wenn Sie 15 Pakete bestellen und innerhalb von 7 Tagen die Rechnung zahlen?

Frage 10: Ein Kunde möchte seine Restaurantrechnung in Höhe von 125,00 € bezahlen und legt Ihnen eine Visa Card vor. Nennen Sie Vorteile und Nachteile dieser Zahlungsart für das Restaurant.

Lösungen zu Fragenblock E

Frage 1: a, c

Frage 2: 650 € : 4,5 = **144,44 €**

Frage 3:

Materialkosten	7,25 €
+ 180 % Gemeinkosten	13,05 €
Selbstkostenpreis	20,30 €
+ 30 % Gewinn	6,09 €
Kalkulierter Preis	26,39 €
+ 10 % Umsatzbeteiligung	2,64 €
Nettoverkaufspreis	29,03 €
+ 19 % Umsatzsteuer	5,52 €
Inklusivpreis	**34,55 €**

Frage 4:

Materialkosten	7,25 €	100 %
+ **Gesamtaufschlag**	27,30 €	377 %
= Inklusivpreis	34,55 €	477 %

Der Gesamtaufschlag beträgt 377 %

Frage 5: 6 kg - 0,4 kg = **5,6 kg Melonen**

Frage 6: 6 kg = 100 %
0,4 kg = X

$$X = \frac{100\ \% \times 0{,}4\ kg}{6\ kg}$$

X = 6,666 %

Frage 7: 39,00 € : 12 Melonen = **3,25 € pro Melone**

Frage 8: **4,50 €**

Frage 9:

Listenpreis	4,50 €
- 15 % Rabatt	0,68 €
Zieleinkaufspreis	3,82 €
- 3 % Skonto	0,11 €
Preis pro Paket	**3,71 €**

(Die Zwischenergebnisse wurden gerundet.)

Frage 10: Es handelt sich um Zahlung per Kreditkarte, in diesem Fall über die Visa Card. Das ist nur möglich, wenn es eine Vereinbarung mit einer Kreditkartenorganisation gibt.

Vorteile	Nachteile
Zahlungsgarantie durch das Kreditkartenunternehmen Evtl. Umsatzgewinn, da Einkäufe ohne Bargeld möglich sind Gewinn von internationalen Kunden, z. B. Amerikaner zahlen oft mit Kreditkarte	Gebühr (Disagio) durch das Kreditkartenunternehmen Anschaffung des entsprechenden Gerätes notwendig.

F. Personaleinsatzplanung

Situation zu den Fragen 1 - 2
Sie sind in der Personaleinsatzplanung der Texas Steak GmbH eingesetzt. Zurzeit arbeiten dort 186 Mitarbeiter/-innen zuzüglich 8 Auszubildenden.

Frage 1: Berechnen Sie die Ausbildungsquote.

Frage 2: Sie sollen die Fehlquote der Auszubildenden einzeln und insgesamt ermitteln. Als Grundlage erhalten Sie folgende Angaben:

Name	Soll-Arbeitstage	Fehltage	Fehlquote in %
Amsel	221	2	
Brede	221	0	
Denath	220	14	
Hommer	219	5	
Kruse	221	0	
Lansom	221	7	
Ohsel	221	10	
Gesamt:			

Situation zu den Fragen 3 - 4
In Ihrem Betrieb soll eine Stellenbeschreibung für eine Position erstellt werden.

Frage 3: Nennen Sie 5 Angaben, die in eine Stellenbeschreibung gehören.

Frage 4: Was wären Vorteile einer Stellenbeschreibung? 2 richtige Antworten

a) Arbeitsgebiet wird klar dargestellt.
b) Überorganisation möglich.
c) Regelmäßige Überarbeitung nötig.
d) Kompetenzen werden geregelt.

Frage 5: Frau Klein ist im Service beschäftigt. Sie ist schwanger und erwartet im Sommer ihr Kind. Was muss der Arbeitgeber nach dem Mutterschutzgesetz beachten?

<table>
<tr><td>1. Werdende Mütter dürfen in den letzten sechs Wochen vor der Entbindung nicht beschäftigt werden, es sei denn, dass sie sich zur Arbeitsleistung ausdrücklich bereit erklären; die Erklärung kann jederzeit widerrufen werden.
2. Frau Klein darf während der Schwangerschaft nicht stehend arbeiten.
3. Akkordarbeit ist nur mit Zustimmung der werdenden Mutter erlaubt.
4. Mütter dürfen bis zum Ablauf von acht Wochen nach der Entbindung nicht beschäftigt werden.
5. Eine Kündigung während der Schwangerschaft und bis zum Ablauf von 4 Wochen nach der Entbindung ist nicht zulässig.</td><td>a) Richtig
b) Falsch</td></tr>
</table>

Frage 6: Wie wird die Planung nach der Anzahl der benötigten Mitarbeiter/-innen genannt? 1 richtige Antwort

a) qualitative Planung
b) quantitative Planung
c) örtliche Planung
d) zeitliche Planung

Frage 7: Eine Jugendliche muss heute bis 20.00 Uhr arbeiten. Ab wann darf sie morgen wieder beschäftigt werden? 1 richtige Antwort

a) Ab 6 Uhr
b) Ab 7 Uhr
c) Ab 8 Uhr
d) Ab 10 Uhr

Frage 8: Tina Teil, 42 Jahre, arbeitet in Teilzeit 4 Stunden bei der Sesam Restaurant GmbH im Büro. Wie hoch ist ihr Pausenanspruch nach der gesetzlichen Regelung? 1 richtige Antwort

a) Sie hat Anspruch auf 15 Minuten Pause.
b) Sie hat Anspruch auf 30 Minuten Pause.
c) Sie hat Anspruch auf 45 Minuten Pause.
d) Tina Teil hat bei 4 Stunden Arbeitszeit keinen Pausenanspruch.

Situation zu den Fragen 9 - 11
Jonas Stübinger ist 17 Jahre alt und lernt Fachmann für Systemgastronomie bei der Happy Snack GmbH. Johanna Kado ist 19 Jahre alt und befindet sich im dritten Lehrjahr der Ausbildung als Fachfrau für Systemgastronomie.

Frage 9: Aufgrund des starken Geschäftes und des plötzlichen Ausfalls einer ausgelernten Kraft soll Jonas nicht am morgigen Berufsschultag teilnehmen, sondern arbeiten. Nehmen Sie dazu Stellung. 2 richtige Antworten

a) Nach Rücksprache mit der Industrie- und Handelskammer als zuständige Stelle kann Jonas im Betrieb arbeiten.
b) Da betriebliche Belange Vorrang haben, sollte Jonas im Betrieb arbeiten. Er muss den versäumten Stoff nachholen.
c) Jonas muss die Berufsschule besuchen, auch wenn im Ausbildungsbetrieb saisonbedingt viel zu tun sein sollte.
d) Es gibt die Möglichkeit, eine Freistellung von der Berufsschule zu beantragen. Die Entscheidung trifft die Berufsschule.

Frage 10: Jonas hat 2 Tage in der Woche Berufsschule. Am Montag hat er 7 Stunden und am Mittwoch 6 Stunden Schule. Wie wird die Zeit in der Berufsschule auf die Arbeitszeit angerechnet? 2 richtige Antworten

a) Der Berufsschultag am Montag wird mit 7 Stunden auf die Arbeitszeit angerechnet.
b) Der Berufsschultag am Montag wird mit 8 Stunden auf die Arbeitszeit angerechnet.
c) Der Berufsschultag am Mittwoch wird mit 6 Unterrichtsstunden zuzüglich der Pausen auf die Arbeitszeit angerechnet.
d) Der Berufsschultag am Mittwoch wird mit 8 Stunden auf die Arbeitszeit angerechnet.

Frage 11: Welche Regelungen gelten für Johanna Kado nach dem Arbeitszeitgesetz, wenn keine anderen Regelungen (z. B. Ausbildungsvertrag, Tarifvertrag) greifen?

1. Die Arbeitszeit kann auf bis zu zehn Stunden nur verlängert werden, wenn innerhalb von sechs Kalendermonaten oder innerhalb von 24 Wochen im Durchschnitt acht Stunden werktäglich nicht überschritten werden. 2. Nach spätestens 4,5 Stunden muss eine Pause gewährt werden 3. Bei einer Arbeitszeit von mehr als sechs Stunden haben Volljährige Anspruch auf eine halbe Stunde Pause. 4. Eine Pause muss mindestens 10 Minuten betragen. 5. Die Arbeitnehmer müssen nach Beendigung der täglichen Arbeitszeit eine ununterbrochene Ruhezeit von mindestens elf Stunden haben.	a) Richtig b) Falsch

Frage 12: Petra Holiday hat am 01.04. ihre neue Stelle angetreten. Sie möchte in den Sommerferien 5 Wochen mit ihrem Freund nach Australien. Kann Petra Holiday von ihrem Arbeitsgeber verlangen, ihr diesen Urlaub zu gewähren? Was sagen die entsprechenden gesetzlichen Regelungen dazu?

Frage 13: Ordnen Sie die Rechtsgrundlagen entsprechend zu.

1) Eine Kündigung ohne die Anhörung des Betriebsrates ist unwirksam.	a) Jugendarbeitsschutzgesetz
	b) Tarifvertrag
2) Die regelmäßige wöchentliche Arbeitszeit im Elektrohandwerk in Hessen beträgt 38,5 Stunden.	c) Kündigungsschutzgesetz
3) Eine Kündigungsschutzklage muss innerhalb von 3 Wochen eingereicht werden.	d) Betriebsverfassungsgesetz
	e) Jugendschutzgesetz
4) Ein Entgeltausfall darf durch den Besuch der Berufsschule nicht eintreten.	f) Mutterschutzgesetz

Situation zu den Fragen 14 - 15
Im Restaurant Monsun wird im 2-Schicht-System gearbeitet. In der ersten Schicht arbeiten 3 Mitarbeiter/-innen je 5 Stunden. In der zweiten Schicht arbeiten 5 Mitarbeiter/-innen je 6 Stunden.

Frage 14: Wie viele Mitarbeiterstunden fallen pro Woche an?

Frage 15: Wie hoch ist die Produktivität bei einem Umsatz pro Woche in Höhe von 13.387,50 €?

Lösungen zu Fragenblock F

Frage 1: $\text{Ausbildungsquote} = \frac{\text{Anzahl der Auszubildenden} \times 100}{\text{Gesamtzahl der Mitarbeiter}} = \frac{8 \times 100}{194} = \mathbf{4{,}12\ \%}$

Frage 2:

Name	Soll-Arbeitstage	Fehltage	Fehlquote in %
Amsel	221	2	0,9
Brede	221	0	0
Denath	220	14	6,4
Hommer	219	5	2,3
Kruse	221	0	0
Lansom	221	7	3,2
Ohsel	221	10	4,5
Gesamt:	**1544**	**38**	**2,5**

$\text{Fehlquote} = \frac{\text{Fehltage} \times 100}{\text{Soll-Arbeitstage}} = \mathbf{2{,}5}$

Frage 3:
- Einordnung der Stelle in die Unternehmensorganisation
- Stellvertretung
- Tätigkeitsbeschreibung (Hauptaufgabe, Fachaufgaben, besondere Aufgaben)
- Kompetenzen und Pflichten
- Anforderungen an den Stelleninhaber (Weiterbildungsmöglichkeiten)
- Zusammenarbeit mit anderen Stellen
- Leistungskriterien

Frage 4: a, d

Frage 5: 1a, 2b, 3b, 4a, 5a

Frage 6: b

Frage 7: c

Frage 8: d

Frage 9: c, d

Frage 10: b, c

Frage 11: 1a, 2b, 3a, 4b, 5a

Frage 12: Der volle Urlaubsanspruch besteht nach dem Bundesurlaubsgesetz erst nach einer Beschäftigungszeit von 6 Monaten. Sie hat somit erst ab dem 01.10. darauf Anspruch.

Laut Gesetz besteht ein Mindesturlaubsanspruch von 24 Werktagen (20 Arbeitstagen) für ein Jahr. Petra Holiday hätte somit für 9 Monate einen Urlaubsanspruch von 18 Werktagen = 3 Wochen.

Frage 13: 1d, 2b, 3c, 4a

Frage 14:

Erste Schicht:	3 Mitarbeiter/-innen x 5 Stunden x 7 Tage = 105 Mitarbeiterstunden
Zweite Schicht:	5 Mitarbeiter/-innen x 6 Stunden x 7 Tage = 210 Mitarbeiterstunden
Gesamt:	**315 Mitarbeiterstunden**

Frage 15:

$$\text{Produktivität} = \frac{\text{Umsatz}}{\text{Mitarbeiterstunden}} = \frac{13.387,50}{315} = \mathbf{42,50}$$

G. Personalverwaltung und -beschaffung I

Situation zu den Fragen 1 - 2
Sie werden vom Eigentümer des Betriebes beauftragt, einen Personalfragebogen an Bewerber / -innen für Stellenangebote als Fachfrau / Fachmann für Systemgastronomie zu entwickeln.

Frage 1: Ordnen Sie zu, welche Fragen zulässig oder unzulässig sind.

1. Haben Sie einen Führerschein?	
2. Liegt eine Schwangerschaft vor?	a) Zulässige Frage
3. Welchen Schulabschluss haben Sie?	
4. Welche Zensuren haben Sie in Mathematik und Physik?	b) Nicht zulässige Frage
5. Sind Sie Mitglied einer Gewerkschaft?	

Frage 2: Welche Punkte sollten in einem Bewerbungsgespräch beachtet werden?
2 richtige Antworten

a) Es sollte bei weiblichen Bewerberinnen nach einer Schwangerschaft gefragt werden, da dies eine ordnungsgemäße Einarbeitung verhindert.
b) Es sollten die Vermögensverhältnisse des Bewerbers erörtert werden.
c) Das Gespräch sollte mit einem Thema eröffnet werden, das eine mögliche Befangenheit / Angst des Bewerbers abbaut.
d) Wesentliche Ergebnisse des Gespräches sollten notiert werden.

Situation zu den Fragen 3 - 5
Die Nord Restaurant GmbH & Co. KG sucht Führungs- und Fachkräfte für ein neues Restaurant.

Frage 3: Welche Vorteile hat die „externe Personalbeschaffung"?

Frage 4: Nennen Sie 5 Möglichkeiten, wie die Nord Restaurant GmbH & Co. KG zu Bewerbungen für das neue Restaurant kommen kann.

Frage 5: Der Personalchef überlegt eine Zusammenarbeit mit der Personalleasingfirma Müller Personal GmbH. Wären die Restaurantfachkräfte dann bei der Nord Restaurant GmbH & Co. KG oder bei der Müller Personal GmbH angestellt?

Frage 6: Welche Aussagen zur Probezeit sind richtig? 2 richtige Antworten

a) Bei Arbeitnehmern darf die Probezeit höchstens sechs Monate betragen.
b) Bei Arbeitnehmern kann die Probezeit frei zwischen Arbeitgeber und Arbeitnehmer vereinbart werden.
c) Bei Auszubildenden beträgt die Probezeit immer drei Monate.
d) Bei Auszubildenden muss die Probezeit zwischen einem und vier Monaten liegen.

Situation zu den Fragen 7 - 9
Der Mitarbeiter Leon Mikovic aus der Küche hat ein Bruttogehalt von 2485,00 €, Steuerklasse I, kein Kinderfreibetrag, Kirchensteuer 9 % und Lohnsteuer 338,16 €.

Frage 7: Berechnen Sie die Kirchensteuer.

Weitere Abzüge von Leon Mikovic sind:
- Rentenversicherung: 18,6 %
- Arbeitslosenversicherung: 2,4 %
- Krankenversicherung: 14,6 %
- Pflegeversicherung: 3,05 %
- Anteil Pflegeversicherung für Kinderlose: 0,35 %

Frage 8: Wie hoch ist sein Nettogehalt?

Frage 9: Wie viel Prozent vom Bruttogehalt betragen die Abzüge?

Frage 10: Ordnen Sie die angegebenen Arbeitszeitmodelle entsprechend zu.

1. Aus positiven oder negativen Abweichungen von der vereinbarten Arbeitszeit werden Zeitguthaben bzw. Zeitschulden aufgebaut.	a) Schichtarbeit
2. Arbeitszeit wird in 2 Zeitzonen unterteilt. Während der Kernzeit besteht Anwesenheitspflicht.	b) Home-Office
3. Wechselnde Arbeitszeiten, auch zu ungünstigen Zeiten, z. B. Nachtarbeit	c) Teilzeit
4. Arbeitszeit liegt unter dem betrieblichen Durchschnitt. Oft attraktiv für Mütter.	d) Arbeitszeitkonto
5. Arbeit komplett oder teilweise zu Hause.	e) Gleitzeit

Situation zu den Fragen 11 - 12
Sie sind für die Auszubildenden im Restaurant verantwortlich.

Frage 11: Wann sollten Lernerfolgskontrollen vorgenommen werden? 2 richtige Antworten

a) Jährlich
b) Nach jeder größeren Ausbildungseinheit
c) Nur vor den Prüfungen (Zwischenprüfung, Abschlussprüfung)
d) Nach kleineren Ausbildungseinheiten (Zwischenkontrolle)

Frage 12: Welche Kriterien sind bei der Beurteilung von Auszubildenden anzuwenden? 3 richtige Antworten

a) Lernverhalten
b) Lernfähigkeit
c) Führungsstil
d) Selbständigkeit

Frage 13: Ordnen Sie die Eigenschaften der gebundenen Beurteilung und der freien Beurteilung entsprechend zu.

1) Zeitsparend 2) Weniger subjektiv 3) Erhöhung der Vergleichbarkeit 4) Größerer Beurteilungsspielraum 5) Erfassung wesentlicher Merkmale	a) Gebundene Beurteilung b) Freie Beurteilung

Situation zu den Fragen 14 - 15
Sie sind Mitarbeiter in der Personalabteilung. Frau Wasmer aus der Küche hat zum Ende des Quartals gekündigt.

Frage 14: Ist die Kündigung rechtskräftig, wenn Frau Wasmer den Betriebsrat nicht informiert hat?

Frage 15: Die Mitarbeiterin verlangt ein qualifiziertes Zeugnis. Was ist der Unterschied zwischen einem "normalen Arbeitszeugnis" und einem "qualifizierten Arbeitszeugnis"?
1 richtige Antwort

a) Das qualifizierte Arbeitszeugnis enthält zusätzlich Angaben über Verhalten und Leistung.
b) Das qualifizierte Arbeitszeugnis wird zusätzlich vom zuständigen Abteilungsleiter unterschrieben.
c) Das qualifizierte Arbeitszeugnis enthält eine genaue Beschreibung der Tätigkeit.
d) Das qualifizierte Arbeitszeugnis enthält Angaben über die körperliche Leistungsfähigkeit und die Krankheitstage.

Lösungen zu Fragenblock G

Frage 1: 1a, 2b, 3a, 4a, 5b

Frage 2: c, d

Frage 3:

✓ Größere Auswahlmöglichkeit
✓ Keine internen Konflikte um die Stelle
✓ Neue Ideen und Impulse werden in das Unternehmen gebracht.
✓ Keine Personallücke durch den Wechsel in eine andere Abteilung

Frage 4:

Schalten einer Stellenanzeige in der regionalen / überregionalen Zeitung.
Kontaktaufnahme mit dem Arbeitsamt.
Ausschreibung der Stellen im Internet (auch auf der eigenen Homepage).
Ansprache über die eigenen Mitarbeiter (evtl. Belohnung für eine erfolgreiche Vermittlung einer neuen Fachkraft).
Stellengesuche anschreiben (auch über die Bewerberdatenbank der Agentur für Arbeit).
Stellenangebote über das Radio in der Region veröffentlichen.

Frage 5: Die Mitarbeiter sind bei der Firma Müller Personal GmbH angestellt und werden über einen Arbeitnehmerüberlassungsvertrag an die Nord Restaurant GmbH & Co. KG verliehen.

Frage 6: a, d

Frage 7: 9 % von 338,16 € (Lohnsteuer) = **30,43 € Kirchensteuer**

Frage 8:

Bruttogehalt	2485,00 €
- Lohnsteuer	338,16 €
- Kirchensteuer	30,43 €
- Krankenversicherung (7,3 % Arbeitnehmeranteil)	181,41 €
- Rentenversicherung (9,3 % Arbeitnehmeranteil)	231,11 €
- Arbeitslosenversicherung (1,20 % Arbeitnehmeranteil)	29,82 €
- Pflegeversicherung (1,525 % Arbeitnehmeranteil)	37,90 €
- Pflegeversicherung Kinderlose (0,35 %)	8,70 €
Nettogehalt	**1627,47 €**

Frage 9: 2485,00 € Bruttogehalt - 1627,47 € Nettogehalt = 857,53 € Abzüge

2485,00 € = 100 %
857,53 € = X

$$X = \frac{857{,}53\ € \times 100\ \%}{2485{,}00\ €} = 34{,}51\ \%\ \text{Abzüge}$$

Frage 10: 1d, 2e, 3a, 4c, 5b

Frage 11: b, d

Frage 12: a, b, d

Frage 13: 1a, 2a, 3a, 4b, 5a

Frage 14: Ja, weil die Arbeitnehmerin gekündigt hat.
Der Betriebsrat wäre bei einer Kündigung durch den Arbeitgeber einzuschalten.

Frage 15: a

H. Personalverwaltung und -beschaffung II

Frage 1: Ordnen Sie folgende Zeugniscodes zu.

1) … stets zu unserer vollen Zufriedenheit.	a) Sehr gut - Note 1
2) … hat sich bemüht, den Anforderungen gerecht zu werden.	b) Gut - Note 2
3) … stets zu unserer vollsten Zufriedenheit.	c) Befriedigend - Note 3
4) … zu unserer vollen Zufriedenheit.	d) Ausreichend - Note 4
5) … zu unserer Zufriedenheit.	e) Mangelhaft - Note 5

Frage 2: Die Blue Restaurant GmbH überlegt, Tischwäsche nicht mehr selbst zu reinigen, sondern zu leasen. Welches wären Vorteile? 2 richtige Antworten

a) Investitionskosten in neue Tischwäsche entfallen.
b) Die Energiekosten erhöhen sich.
c) Personalkosten können eingespart werden.
d) Das Hotel braucht nicht mehr auf die Wäschehygiene zu achten, da die Verantwortung übergeht.

Frage 3: Sie sind mit der Urlaubsplanung beauftragt. Ordnen Sie entsprechend zu.

1. Jeder Arbeitnehmer hat das Recht, zu einem bestimmten Zeitpunkt seinen Urlaub zu nehmen.	
2. Saisonabhängige Betriebe können bei der Urlaubsplanung bestimmte Zeiträume generell sperren.	a) Richtig
3. Der Mindesturlaub beträgt laut Bundesurlaubsgesetz bei einer 5-Tage Woche 18 Erholungstage.	b) Falsch
4. Resturlaub verfällt nach der gesetzlichen Regelung spätestens zum Ende des ersten Quartals des Folgejahres. Der Arbeitgeber muss auf den drohenden Urlaubsverfall hinweisen.	

Situation zu den Fragen 4 - 5
Jonas Lohse arbeitet als Kaufmann für Systemgastronomie. Er ist verheiratet und hat 2 Kinder. Seine Ehefrau arbeitet nicht. Er hat sich in seine Lohnsteuerkarte einen Freibetrag von 100,00 € eintragen lassen, da er einen Anfahrtsweg hat.

Frage 4: Welche Steuerklasse hat Jonas Lohse? 1 richtige Antwort

a) I b) II c) III d) IV

Frage 5: Was bedeutet der Freibetrag in der Lohnsteuerkarte? 1 richtige Antwort

a) Das Nettogehalt erhöht sich um 100,00 €.
b) Das Nettogehalt verringert sich um 100,00 €.
c) Das lohnsteuerpflichtige Entgelt erhöht sich um 100,00 €.
d) Das lohnsteuerpflichtige Entgelt verringert sich um 100,00 €.

Frage 6: Eine Fachfrau für Systemgastronomie verdient zurzeit 1250,00 € brutto im Monat. Sie erhält aufgrund ihrer guten Leistungen eine Gehaltserhöhung von 6 %. Wie hoch ist ihr neues Gehalt?

Frage 7: Judith Mohn hat einen Bruttolohn von 10,25 € pro Stunde. Im vergangenen Monat hat sie 170 Stunden gearbeitet. Außerdem sind 18 Überstunden angefallen, die mit 20 % zusätzlich vergütet werden. Wie hoch ist das Gehalt von Judith Mohn?

Frage 8: Was ist unter Personalentwicklung zu verstehen?

Situation zu den Fragen 9 - 11
Sie sind für die Organisation von Schulungsmaßnahmen im Betrieb zuständig.

Frage 9: Ordnen Sie die geeignete Ausbildungsmethode entsprechend zu.

1) Karrieremöglichkeiten / Aufstiegsmöglichkeiten im Betrieb aufzeigen.	a) Lehrgespräch
2) Kommunikation bei einem Beratungsgespräch verbessern.	b) Rollenspiel
3) Arbeitssicherheit im Betrieb darstellen.	c) Kurzvortrag
4) Die Auszubildenden sollen die Ausbildungsberufe des Betriebes bei der nächsten Herbstausstellung präsentieren.	d) Moderierte Besprechung

Frage 10: Welche Themen eignen sich gut für einen Kurzvortrag? 2 richtige Antworten

a) Einkommenssteuererklärung ausfüllen können.
b) Aufgaben der Personalabteilung kennenlernen.
c) Umgang mit dem neuen Kalkulationsprogramm erlernen.
d) Bedeutung des sparsamen Umgangs mit Energie erkennen.

Frage 11: Welche Aussagen zu Arbeitsgruppen sind richtig? 2 richtige Antworten

a) Die Gruppenarbeit fördert die Ausbildung von Teamfähigkeit (Schlüsselqualifikation).
b) Der Mitarbeiter mit dem besten Fachwissen sollte Gruppensprecher sein.
c) Durch Ausübung von Druck auf die Gruppe lässt die Leistung in der Regel nach.
d) Durch Ausübung von Druck auf die Gruppe lässt sich die Leistung steigern.

Frage 12: Julia Schnell möchte in ihre Personalakte einsehen. Auf welches Gesetz kann sie sich beziehen? 1 richtige Antwort

a) Das Bürgerliche Gesetzbuch (BGB)
b) Das Handelsgesetzbuch (HGB)
c) Die Betriebsvereinbarung
d) Das Betriebsverfassungsgesetz

Lösungen zu Fragenblock H

Frage 1: 1b, 2e, 3a, 4c, 5d

Frage 2: a, c

Frage 3: 1b, 2a, 3b, 4a

Frage 4: c

Frage 5: d

Frage 6:

$100\ \% = 1250{,}00\ €$

$106\ \% = X$

$$X = \frac{1250{,}00\ € \times 106\ \%}{100\ \%}$$

X = 1325,00 €

Frage 7:

170 Stunden x 10,25 €		= 1742,50 €
18 Überstunden x 10,25 €	= 184,50 € + 20 %	= 221,40 €
Bruttolohn		**= 1963,90 €**

Frage 8: Personalentwicklung umfasst alle Maßnahmen der Bildung, der Förderung und der Organisationsentwicklung, die vom Betrieb geplant oder vorgenommen werden. Es ist Teil der Personalwirtschaft.

Frage 9: 1c, 2b, 3a, 4d

Frage 10: b, d

Frage 11: a, c

Frage 12: d

III. Wirtschafts- und Sozialkunde

Bei den programmierten Aufgaben (z. B. Aufgabe A 1) ist jeweils eine Antwort pro Frage richtig. Bei den Zuordnungsaufgaben (z. B. Aufgabe A 3) kann es mehrere richtige Antworten geben. Die Lösungen zu allen WiSo-Aufgaben finden Sie auf Seite 100.

Tipp: Wenn Sie die Antwort nicht wissen, arbeiten Sie nach dem Ausschlussverfahren. Streichen Sie die Antworten, die falsch sind.

A. Ausbildungsbetrieb

Frage 1: In der beruflichen Ausbildung wird vom "Dualen System" gesprochen. Was ist damit gemeint?

a) Der Ausbildungsvertrag wird von 2 Parteien (Auszubildende/r und Betrieb) unterschrieben.
b) Die IHK führt 2 verschiedene Prüfungen durch, die praktische und die schriftliche Prüfung.
c) Die Berufsausbildung wird durch die Berufsschule und den Ausbildungsbetrieb durchgeführt.
d) Die Zusammenarbeit von Betrieb und Industrie- und Handelskammer oder Handwerkskammer wird als "Duales System" bezeichnet.

Frage 2: Welches Unternehmen wird als „Dienstleistungsunternehmen“ bezeichnet?

a) Steuerberater
b) Polizei
c) Tischler
d) Autowerk

Frage 3: Welche Merkmale kennzeichnen einen Handwerksbetrieb gegenüber einem Industriebetrieb?

1. Umstellung der Produktion nur mit viel Aufwand möglich	a) Richtig
2. Meist Serienfertigung	
3. Viele Einzelanfertigungen	b) Falsch
4. Nähe zum Kunden	

Frage 4: Ordnen Sie folgende Wirtschaftssektoren entsprechend zu.

1. Landwirtschaft	
2. Hotels und Gaststätten	a) Primärer Sektor
3. Handwerk	b) Sekundärer Sektor
4. Versicherungen	c) Tertiärer Sektor
5. Bergbau	

Frage 5: Es wird eine neue Auszubildende eingestellt. Stefanie Müller ist 19 Jahre und freut sich auf ihre Ausbildung. Der Personalverantwortliche will mit ihr einen Ausbildungsvertrag abschließen. Welche Aussage ist richtig?

a) Der Ausbildungsvertrag kommt zustande durch die Unterschrift von Stefanie Müller und dem Vertreter des Ausbildungsbetriebes.
b) Der Ausbildungsvertrag bedarf der Unterschrift der Eltern von Stefanie Müller, da diese sie finanziell unterstützen.
c) Der Ausbildungsvertrag bedarf einer besonderen Form, da Stefanie Müller schon volljährig ist.
d) Ein mündlich geschlossener Ausbildungsvertrag zwischen Stefanie Müller und dem Ausbildungsbetrieb wäre unwirksam.

Frage 6: Ist eine Verlängerung der Probezeit möglich? Welche Aussage ist zutreffend?

a) Eine Verlängerung ist nicht vorgesehen, da der Auszubildende besonderen Schutz genießt.
b) Eine Verlängerung ist möglich, wenn noch nicht absehbar ist, ob der Auszubildende geeignet ist.
c) Eine Verlängerung ist möglich, wenn der Auszubildende $^1/_3$ der Ausbildungszeit ausfällt, z. B. durch Krankheit. Diese Möglichkeit muss vorher vereinbart worden sein.
d) Eine Verlängerung ist möglich, wenn beide Parteien dies möchten.

Frage 7: Janine Haase erhält einen Ausbildungsplatz als Fachfrau für Systemgastronomie. Sie ist am 26. April 17 Jahre alt geworden. Wie hoch ist ihr Urlaubsanspruch mindestens?

a) 30 Werktage b) 25 Werktage c) 27 Werktage d) 23 Werktage

Frage 8: Ein Bewerber möchte seine Ausbildung in der Systemgastronomie verkürzen. In welchem Fall wäre das möglich?

a) Mit Abitur wäre eine Kürzung um 12 Monate möglich.
b) Mit einem guten Hauptschulabschluss ist eine Kürzung um 9 Monate anzustreben.
c) Eine Kürzung der Ausbildungszeit ist generell nicht möglich.
d) Eine Kürzung ist nur innerhalb der Ausbildung durch gute Leistungen nach § 45 Berufsbildungsgesetz möglich.

Frage 9: Welche Regelung im Ausbildungsvertrag wäre nicht mit geltendem Recht zu vereinbaren und somit nichtig?

a) Berechnung des Urlaubes b) Vertragsstrafen bei Verletzung des Vertrages
c) Dauer der Probezeit d) Höhe der Ausbildungsvergütung

Frage 10: Die Dauer der Ausbildung kann für verschiedene Berufe unterschiedlich sein. Nach welcher Rechtsgrundlage richtet sich die Dauer der Ausbildung?

a) Betriebsverfassungsgesetz b) Ausbildereignungsverordnung
c) Handelsgesetzbuch d) Ausbildungsordnung

Frage 11: Bei der Berufsausbildung sind verschiedene Gesetze und Verordnungen zu berücksichtigen. Ordnen Sie die Stichpunkte der entsprechenden Rechtsgrundlage zu.

1. Dauer der Ausbildungszeit	a) Betriebsverfassungsgesetz
2. Zusammensetzung des Prüfungsausschusses	b) Jugendarbeitsschutzgesetz
3. Anforderungen in der Abschlussprüfung	c) Ausbildungsordnung
4. Mitbestimmung des Betriebsrates	d) Prüfungsordnung der zuständigen Stelle
5. Regelung der Pausen bei Jugendlichen	
6. Erstuntersuchung, Nachuntersuchung bei jugendlichen Auszubildenden	

Frage 12: Für wen gilt das Jugendarbeitsschutzgesetz?

a) Für alle Auszubildenden des Betriebes
b) Für alle Beschäftigten unter 18 Jahren
c) Für alle Auszubildenden und Arbeitnehmer unter 21 Jahren
d) Nur für Auszubildende unter 16 Jahren

Frage 13: Sie möchten sich über Arbeitsbedingungen informieren. In welchem Tarifvertrag stehen üblicherweise folgende Angaben?

1. Ausbildungsvergütung	a) Lohntarifvertrag
2. Arbeitszeit	b) Manteltarifvertrag
3. Urlaubsanspruch	
4. Tariflohn	

B. Berufsausbildungs- und Arbeitsverhältnis

Frage 1: Sonny Sunshine ist 17 Jahre und beginnt eine Ausbildung als Fachfrau für Systemgastronomie. Wie lange darf Sonny ohne Pause arbeiten?

a) Spätestens nach 3,5 Stunden Arbeitszeit muss eine Pause gewährt werden.
b) Spätestens nach 4,5 Stunden Arbeitszeit muss eine Pause gewährt werden.
c) Spätestens nach 3 Stunden Arbeitszeit muss eine Pause gewährt werden.
d) Spätestens nach 4 Stunden Arbeitszeit muss eine Pause gewährt werden.

Frage 2: Sonny Sunshine hat eine tägliche Arbeitszeit von 8 Stunden. Wie hoch ist der Pausenanspruch und wie lang muss die Pause mindestens sein?

1. Sonny hat Anspruch auf 45 Minuten Pause.	
2. Sonny hat Anspruch auf 60 Minuten Pause.	a) Richtig
3. Sonny hat Anspruch auf 90 Minuten Pause.	b) Falsch
4. Eine Pause muss mindestens 10 Minuten lang sein.	
5. Eine Pause muss mindestens 15 Minuten lang sein.	

Frage 3: Wer kann sich in die Jugend- und Auszubildendenvertretung wählen lassen?

a) Nur Mitarbeiter des Betriebes unter 18 Jahren.
b) Die Arbeitnehmer des Betriebes unter 25 Jahren und zur Berufsausbildung Beschäftigte (unabhängig vom Alter).
c) Nur Mitarbeiter des Betriebes unter 21 Jahren.
d) Alle Auszubildenden, wenn sie vom Betriebsrat zugelassen wurden.

Frage 4: Was ist unter Gleitzeit zu verstehen?

a) Unter Gleitzeit ist eine Teilzeitarbeit zu verstehen.
b) Die Arbeit erfolgt im Schichtdienst.
c) Der Arbeitsbeginn wechselt wöchentlich laut Dienstplan.
d) Beginn und Ende der Arbeitszeit kann innerhalb eines bestimmten Zeitrahmens selbst bestimmt werden.

Frage 5: Ordnen Sie die Aussagen zur Zwischenprüfung entsprechend zu.

1. Eine schlechte Zwischenprüfung kann zu einer Beendigung des Ausbildungsvertrages führen.	
2. Die Noten der Zwischenprüfung haben einen großen Einfluss auf das Zeugnis der Berufsschule.	a) Richtig
3. Die Teilnahme an der Zwischenprüfung ist Voraussetzung für die Teilnahme an der Abschlussprüfung.	b) Falsch
4. Das Nicht-Bestehen der Zwischenprüfung hat die Nicht-Zulassung zur Abschlussprüfung zur Folge.	

Frage 6: Sophia Mihele ist eine sehr gute Auszubildende als Fachfrau für Systemgastronomie. Ihr Berufsschulzeugnis nach Abschluss des zweiten Lehrjahres hat einen Durchschnitt von 1,7 in den Hauptfächern. Kurz nach Erhalt des Zeugnisses teilt Sophia im Betrieb mit, dass sie ihre Ausbildung verkürzen möchte. Welche Aussage ist richtig?

a) Nein, eine Verkürzung ist nicht möglich. Dieses hätte schon bei Beginn des Ausbildungsverhältnisses beantragt werden müssen.
b) Nein, eine Verkürzung ist nicht möglich. Die Leistungen in der Berufsschule reichen dafür nicht aus.
c) Nein, der noch nötige Ausbildungsstoff ist ihr in der kurzen Zeit nicht zu vermitteln.
d) Ja, ihre Leistungen im Betrieb und in der Berufsschule sprechen für eine Verkürzung.

Frage 7: Die Auszubildende Marie Kiewel besteht ihre Abschlussprüfung mit dem letzten Prüfungsteil am 25.06. . Die Ergebnisse werden ihr noch am gleichen Tag mitgeteilt. Ihr Ausbildungsvertrag läuft noch bis zum 31.07. . Wann endet das Ausbildungsverhältnis?

a) Am 25.06. b) Am 31.07. c) Am Tage der Freisprechung
d) Am Ende des Monats, in dem die letzte Prüfung stattfand. In diesem Fall am 30.06. .

Frage 8: Der Auszubildende Tim Portimann fällt durch die Prüfung. Kann diese wiederholt werden? Wenn ja, wie oft?

a) Nein, eine Wiederholung ist nicht möglich.
b) Ja, die Prüfung kann 1-mal wiederholt werden.
c) Ja, die Prüfung kann 2-mal wiederholt werden.
d) Ja, die Prüfung kann 3-mal wiederholt werden.

Frage 9: Tim Portimann ist am 12.06. durch die Prüfung gefallen. Am 31.07. endet sein Ausbildungsvertrag. Er möchte seine Ausbildung bis zur nächsten Prüfung verlängern. Muss der Ausbildungsbetrieb das ermöglichen?

a) Nein, der Betrieb muss der Verlängerung nicht zustimmen.
b) Ja, wenn Tim Portimann das verlangt.
c) Die Entscheidung erfolgt durch den Ausbildungsberater der zuständigen Stelle.
d) Nein, da der Ausbildungsbetrieb damit rechnet, dass er die Wiederholungsprüfung auch nicht schaffen wird.

Frage 10: Die Geschäftsführung teilt Ihnen mit, dass aus wirtschaftlichen Gründen leider keine Auszubildenden in feste Arbeitsverhältnisse übernommen werden können. Welche Aussage dazu ist richtig?

a) Der Ausbildungsvertrag endet mit Fristablauf oder bestandener Prüfung. Eine Kündigung ist nicht notwendig.
b) Der Arbeitgeber muss den Auszubildenden mit entsprechenden Fristen kündigen.
c) Der Arbeitgeber muss die Auszubildenden weiter beschäftigen, bis diese einen neuen Arbeitsplatz gefunden haben.
d) Der Arbeitgeber ist verpflichtet, Auszubildende mindestens 6 Monate zu übernehmen.

Frage 11: Muss der Ausbildungsbetrieb dem Auszubildenden ein Zeugnis ausstellen?

a) Nein, diesen weiteren Aufwand kann man nicht verlangen.
b) Nein, das Zeugnis wird durch die Berufsschule ausgestellt.
c) Nein, aber auf freiwilliger Basis kann der Betrieb ein Ausbildungszeugnis ausstellen.
d) Ja, der Betrieb ist verpflichtet, ein Zeugnis auszustellen.

Frage 12: Innerhalb welcher Frist ist nach Zugang einer Kündigung eine Kündigungsschutzklage einzureichen? 1 richtige Antwort

a) 2 Wochen b) 3 Wochen c) 4 Wochen d) 6 Wochen

Frage 13: Welche Aussagen zur Arbeitsgerichtsbarkeit sind richtig?

1. Zuständig ist das Gericht, an dem der Kläger seinen Wohnsitz hat.	
2. Zuständig ist das Gericht, an dem die beklagte Partei ihren Firmensitz hat.	a) Richtig
3. Vor dem Arbeitsgericht besteht in allen Instanzen Anwaltszwang.	b) Falsch
4. In der 1. Instanz besteht kein Anwaltszwang.	

Frage 14: Ordnen Sie entsprechend der Zuständigkeit zu.

1) Die Bundesagentur für Arbeit sperrt einem Arbeitslosen das Arbeitslosengeld.	
2) Güteverhandlung vor dem Kündigungsschutzprozess	a) Sozialgericht
3) Streitigkeiten in Sachen des Kindergeld- und Erziehungsrechts	
4) Angelegenheiten des Schwerbehindertenrechts	b) Arbeitsgericht
5) Gültigkeit von Tarifverträgen	

Frage 15: Bei Streitigkeiten zwischen Auszubildenden und dem Ausbildungsbetrieb wird ein Schiedsverfahren durchgeführt. Wer führt dieses durch?

a) Arbeitsgericht b) Sozialgericht
c) Industrie- und Handelskammer d) Berufsschule

C. Betriebliche Mitbestimmung

Frage 1: In welchem Abstand wird der Betriebsrat gewählt?

a) Alle 4 Jahre b) Alle 3 Jahre c) Alle 2 Jahre d) Nach Absprache

Frage 2: Wer nimmt an der Betriebsversammlung teil?

a) Nur die Gewerkschaftsmitglieder des Betriebes
b) Nur die Gewerkschaftsmitglieder und die gewählten Betriebsräte
c) Alle Mitarbeiter des Betriebes
d) Die Geschäftsleitung und der Betriebsrat

Frage 3: Einem Arbeitnehmer wird gekündigt ohne den Betriebsrat zu hören.
Welche Aussage ist richtig?

a) Die Kündigung ist wirksam. Die Geschäftsführung braucht den Betriebsrat nicht hinzuzuziehen.
b) Die Kündigung ist nicht wirksam. Kündigungen nimmt nur der Betriebsrat vor.
c) Die Kündigung ist nicht wirksam, da laut Betriebsverfassungsgesetz der Betriebsrat zu hören ist.
d) Die Kündigung ist wirksam, wenn der Betriebsrat zuvor informiert wurde.

Frage 4: Wer vertritt bei Tarifverhandlungen die Interessen der Arbeitnehmer?

a) Der Betriebsrat der Unternehmen
b) Die zuständige Gewerkschaft
c) Die Sozialversicherungsverbände
d) Die Berufsgenossenschaft

Frage 5: Ordnen Sie die Rechte des Betriebsrates entsprechend zu.

1. Einführung eines neuen Produktes.	
2. Beginn und Ende der Arbeitszeiten.	a) Mitbestimmungsrecht
3. Versetzung eines Mitarbeiters.	b) Anhörungsrecht
4. Belegung von Mitarbeiterwohnungen.	c) Informationsrecht
5. Einstellung einer leitenden Mitarbeiterin.	

Frage 6: Die Pausenzeiten sollen geändert werden. Welches Recht hat der Betriebsrat?

a) Der Betriebsrat hat ein Mitbestimmungsrecht.
b) Der Betriebsrat hat kein Mitbestimmungsrecht.
c) Der Betriebsrat braucht nur informiert zu werden (Informationsrecht).
d) Der Betriebsrat bestimmt allein über die Pausenregelung nach dem Alleinvertretungsrecht.

Frage 7: Wer wählt die Jugend- und Auszubildendenvertretung?

a) Nur Auszubildende und Arbeitnehmer unter 18 Jahren
b) Nur Auszubildende und Arbeitnehmer unter 21 Jahren
c) Alle Mitarbeiter des Betriebes unter 25 Jahren
d) Alle Auszubildenden (unabhängig vom Alter) und die Arbeitnehmer unter 18 Jahren

Frage 8: In welchem Fall kann die Maßnahme erst durch Zustimmung des Betriebsrates wirksam werden?

a) Es sollen neue langfristige Kredite aufgenommen werden.
b) Die Betriebsferien / Werksferien werden festgelegt.
c) Es sollen neue Firmenwagen für die Verkaufsabteilung angeschafft werden.
d) Die Bonuszahlungen für die Vorstände / Geschäftsführung werden neu festgelegt.

Frage 9: Lena Sommer wurde in den Betriebsrat gewählt. Ordnen Sie nachfolgende Aussagen entsprechend zu.

1. Frau Sommer erhält einen Gehaltszuschlag wegen besonderer Belastungen. 2. Für Mitglieder des Betriebsrates gilt ein „Besonderer Kündigungsschutz". 3. Eine außerordentliche Kündigung von Frau Sommer aus „wichtigem Grund" ist möglich. 4. Mit dem Ende der Amtszeit als Betriebsrat endet auch der „Besondere Kündigungsschutz". 5. Alle Betriebsratsmitglieder müssen Mitglied der entsprechenden Gewerkschaft sein.	a) Richtig b) Falsch

Frage 10: Welche Aussage zur Gültigkeit eines Tarifvertrages trifft zu?

a) Der Arbeitnehmer muss Mitglied einer politischen Partei sein.
b) Der Tarifvertrag kann vom zuständigen Ministerium für „Allgemeinverbindlich" erklärt werden. Er gilt dann für alle Arbeitnehmer einer Branche.
c) Tarifverträge können mündlich abgeschlossen werden.
d) Tarifverträge werden zwischen einem einzelnen Arbeitgeber und dem Betriebsrat abgeschlossen.

Frage 11: Welche Vereinbarungen finden Sie im Manteltarifvertrag oder Gehaltstarifvertrag?

1. Dauer des Urlaubs 2. Ausbildungsvergütung 3. Lohnfortzahlung 4. Höhe des Gehaltes der Mitarbeiter 5.Vermögenswirksame Leistungen	a) Manteltarifvertrag b) Gehaltstarifvertrag

Frage 12: Zwischen welchen Verbänden finden Tarifverhandlungen statt?

a) Zwischen dem Arbeitsamt und den Gewerkschaften
b) Zwischen dem Arbeitgeberverband und der Berufsgenossenschaft
c) Zwischen dem Arbeitgeberverband und der Gewerkschaft
d) Zwischen der Industrie- und Handelskammer und den Gewerkschaften

Frage 13: Was bedeutet der Begriff "Tarifautonomie"?

a) Streit zwischen Arbeitgeber und Gewerkschaften.
b) Der Tarifvertrag wird ohne Mitwirken des Staates abgeschlossen.
c) Der Tarifvertrag wird mit Mitwirken des Staates abgeschlossen.
d) Der Tarifvertrag ist allgemein gültig.

Frage 14: Wie werden die Vermittlungsbemühungen durch eine unabhängige, unparteiische Person vor einem Streik genannt?

a) Urabstimmung
b) Streikbrecher
c) Aussperrung
d) Schlichtung

Frage 15: Ein Tarifvertrag wird vom Bundesministerium für Arbeit und Soziales für allgemein verbindlich erklärt. Welche Auswirkungen hat das?

a) Der Tarifvertrag gilt nur für Mitglieder der entsprechenden Gewerkschaft.
b) Er gilt für alle Arbeitnehmer und Arbeitgeber einer Branche, auch wenn Sie nicht in der entsprechenden Interessenvertretung Mitglied sind.
c) Es brauchen sich nur Arbeitgeber daran zu halten, die im entsprechenden Arbeitgeberverband sind.
d) Der Betrieb kann der Allgemeinverbindlichkeit widersprechen und braucht sich dann nicht daran zu halten.

D. Entwicklung der Arbeitswelt

Frage 1: Ordnen Sie die nachfolgenden „Bildungsbegriffe“ entsprechend zu.

1. Aufgrund einer Mehlallergie beginnt ein Bäckergeselle eine Ausbildung zum Industriemechaniker. 2. Ein Elektriker bildet sich zum Elektrikermeister weiter. 3. Ein Schäfer möchte einen neuen Beruf erlernen, da er in seiner jetzigen Tätigkeit keine Zukunft mehr sieht. 4. Eine Elektronikerin legt die Ausbildereignungsprüfung ab, um demnächst auszubilden.	a) Berufliche Fortbildung b) Umschulung

Frage 2: Warum wird Weiterbildung im Beruf für Arbeitnehmer immer wichtiger?

a) Die körperliche Fitness / Kondition wird gesteigert.
b) Durch Arbeitszeitverkürzung steht weniger Zeit für die betrieblichen Aufgaben zur Verfügung.
c) Die Kenntnisse müssen der schneller werdenden technischen Entwicklung angepasst werden.
d) Durch Weiterbildung im Beruf erhöht sich der Urlaubsanspruch.

Frage 3: In welchem Gesetz ist die finanzielle Förderung in der beruflichen Fortbildung geregelt?

a) Berufsbildungsgesetz (BBiG)
b) Bürgerliches Gesetzbuch (BGB)
c) Handelsgesetzbuch (HGB)
d) Sozialgesetzbuch (SGB III)

Frage 4: Was ist unter beruflicher Flexibilität zu verstehen?

a) Die Anforderung, den Beruf im gleichen Betrieb häufiger zu wechseln.
b) Bei Notwendigkeit, den Wohnort zu wechseln.
c) Die Fähigkeit, sich neuen Anforderungen im Beruf zu stellen.
d) Die Möglichkeit, den Arbeitgeber jederzeit zu wechseln.

Frage 5: Welches Ziel hat der Europass?

a) Er macht die beruflichen Abschlüsse innerhalb der Europäischen Union vergleichbar.
b) Er soll Lernen und Arbeiten innerhalb der Europäischen Union vereinfachen und fördern.
c) Er sorgt für ein vereinfachtes Verfahren beim Grenzübertritt.
d) Er dient der Sicherheit innerhalb der Außengrenzen der Europäischen Union.

Frage 6: Wie heißt ein vom Europarat initiiertes und 1961 von einer Mehrheit seiner Mitglieder beschlossenes völkerrechtlich verbindliches Abkommen, das der Bevölkerung innerhalb der Unterzeichnerstaaten umfassende soziale Rechte garantiert?

a) Europarat
b) Europäische Sozialcharta
c) Europaplan
d) EU-Verfassung

E. Sozialversicherung

Frage 1: Welche Versicherung gehört nicht zu den gesetzlichen Sozialversicherungen?

a) Lebensversicherung
b) Krankenversicherung
c) Rentenversicherung
d) Arbeitslosenversicherung

Frage 2: Für welche gesetzliche Sozialversicherung zahlt allein der Arbeitgeber die Beiträge?

a) Krankenversicherung
b) Rentenversicherung
c) Unfallversicherung
d) Pflegeversicherung

Frage 3: Bei einer Sozialversicherung wird vom Generationenvertrag gesprochen. Was ist damit gemeint?

a) Die schnelle Vermittlung in der Arbeitslosenversicherung
b) Die "Erste Hilfe" in der Krankenversicherung
c) Die Beitragszahlung von Arbeitgeber und Arbeitnehmer
d) Das Umlageverfahren in der gesetzlichen Rentenversicherung

Frage 4: Wie heißt der Träger der gesetzlichen Unfallversicherung?

a) Bundesagentur für Arbeit
b) Berufsgenossenschaften
c) Allgemeine Ortskrankenkassen
d) Ersatzkassen

Frage 5: Zu welcher Gruppe gehört die „Techniker Krankenkasse"?

a) Zu den Ersatzkassen
b) Zu den Allgemeinen Ortskrankenkassen
c) Zu den Pflegeversicherungen
d) Zu den Privatkassen

Frage 6: Ordnen Sie die Aussagen entsprechend zu.

<table>
<tr><td>1. Jeder Arbeitnehmer muss gegen Krankheit versichert sein.</td><td rowspan="4">a) Richtig

b) Falsch</td></tr>
<tr><td>2. Der Arbeitnehmer hat die Wahl, in welche Krankenversicherung er einzahlt.</td></tr>
<tr><td>3. Wenn das Einkommen die Beitragsbemessungsgrenze überschreitet, wird der Arbeitnehmer aus der gesetzlichen Krankenversicherung ausgeschlossen.</td></tr>
<tr><td>4. Wenn das Einkommen die Beitragsbemessungsgrenze überschreitet, hat der Arbeitnehmer die Möglichkeit, sich privat zu versichern.</td></tr>
</table>

Frage 7: Welche Leistung wird von der Arbeitslosenversicherung getragen?

a) Krankengeld
b) Übergangsgeld nach einem Arbeitsunfall
c) Rente wegen Minderung der Erwerbsfähigkeit
d) Kurzarbeitergeld

Frage 8: Ahmet Yilmaz ist auf dem direkten Weg zur Arbeit in einen Unfall verwickelt und wird verletzt. Welche Sozialversicherung muss die Kosten für die anstehende Krankenhausbehandlung von Herrn Yilmaz zahlen?

a) Krankenversicherung
b) Unfallversicherung
c) Pflegeversicherung
d) Kfz-Versicherung von Herrn Müller

Frage 9: Ordnen Sie die Leistungen der entsprechenden Sozialversicherung zu.

1. Fahrtkostenbeihilfen	a) Berufsgenossenschaft
2. Krankengeld	b) Pflegeversicherung
3. BAföG	c) Arbeitslosenversicherung
4. Pflegegeld	d) Krankenversicherung
5. Leistung nach Wegeunfall auf dem Weg von / zur Arbeit.	e) Die Leistung wird nicht von einer Sozialversicherung bezahlt.
6. Konkursausfallgeld	

Frage 10: Lukas Peters erhält nach einem Arbeitsunfall eine Unfallrente. Er ist mit der errechneten Höhe nicht einverstanden und möchte dagegen klagen.
Welches Gericht ist zuständig?

a) Sozialgericht
b) Arbeitsgericht
c) Amtsgericht
d) Unfallgericht

Frage 11: Die angestellte Arbeitnehmerin Anna Puk hat einen Prozess vor dem Sozialgericht verloren. Welche Aussage zu den Verfahrenskosten ist richtig?

a) Der Beklagte hat die Kosten zu tragen.
b) Anna Puk hat alle Kosten zu tragen, da sie den Prozess verloren hat.
c) Anna Puk hat die Kosten zu tragen, die nach ihrem Einkommen berechnet werden.
d) Die Verfahren vor dem Sozialgericht sind für den rechtsuchenden Bürger überwiegend kostenfrei.

Frage 12: Wonach bestimmt sich die örtliche Zuständigkeit beim Sozialgericht?

a) Wohnort des Beklagten
b) Wohnort des Klägers
c) Wohnort des zuständigen Richters
d) Firmensitz der beklagten Partei

F. Soziale Sicherung, Berufs- und Lebensplanung

Frage 1: Welche Steuerklasse hat ein lediger und kinderloser Angestellter?

a) Steuerklasse 1
b) Steuerklasse 2
c) Steuerklasse 3
d) Steuerklasse 4

Frage 2: Was bedeutet die Bezeichnung „progressiver Einkommenssteuertarif"?

a) Der Einkommenssteuertarif gilt nur für Unternehmer.
b) Ein höheres Einkommen wird prozentual niedriger besteuert.
c) Ein höheres Einkommen wird prozentual auch höher besteuert.
d) Höhere Einkommen werden nur bis zu einer bestimmten Grenze besteuert.

Frage 3: Sonja Rasant fährt mit ihrem Auto ins 40 km entfernte Hameln zur Arbeit. Sie lässt sich einen Steuerfreibetrag entsprechend eintragen. Welche Auswirkungen hat der Freibetrag?

a) Der Lohnsteuerfreibetrag senkt den Nettolohn.
b) Der Lohnsteuerfreibetrag senkt das zu versteuernde Einkommen.
c) Der Steuerfreibetrag erhöht das zu versteuernde Einkommen.
d) Der Lohnsteuerfreibetrag wird auf den Nettolohn geschlagen und muss versteuert werden.

Frage 4: Wie können folgende Ausgaben steuerlich eingeordnet werden?

1. Krankheitskosten (ab einer gewissen Höhe)	
2. Kosten für eine Bewerbung	a) Werbungskosten
3. Beiträge zur Haftpflichtversicherung	b) Außergewöhnliche Belastung
4. Gewerkschaftsbeitrag	c) Vorsorgeaufwendungen
5. Beiträge zur gesetzlichen Rentenversicherung	

Frage 5: Welche Aussage zum Nettolohn ist richtig?

a) Der Nettolohn wird dem Arbeitnehmer ausbezahlt.
b) Vom Nettolohn sind noch die Sozialversicherungen abzuziehen.
c) Beim Nettolohn ist noch die Kirchensteuer abzuziehen.
d) Vom Nettolohn wird noch die Lohnsteuer abgezogen und abgeführt.

Frage 6: Wie wird die strukturierte Untersuchung des Vorhandenseins bestimmter Eigenschaften (Fähigkeiten) eines Mitarbeiters / einer Mitarbeiterin bezeichnet?

a) Karriereplanung
b) Familienplanung
c) Stellenbeschreibung
d) Potentialanalyse

Frage 7: Welche Kompetenz wird bei den nachfolgenden Beispielen hauptsächlich angesprochen?

1. Karla Karel kann gut selbständig Informationen beschaffen.	a) Fachkompetenz
2. Leon Müller kennt sich gut in der Buchhaltung aus.	
3. Jonas Wolters kann verschiedene Formen des Lernens gut einsetzen.	b) Methodenkompetenz
4. Tom Wulmer kann Aufgaben besonders gut in einer Gruppe bearbeiten.	c) Sozialkompetenz
5. Sonja Prinz nimmt Kritik gut auf und akzeptiert sie.	

Frage 8: Was sollte ein zukünftiger Unternehmer im Blick haben?

a) Er sollte auf eine geregelte Arbeitszeit bestehen.
b) Es sollte eine erfolgsversprechende Geschäftsidee vorliegen.
c) Einnahmen und Ausgaben des Betriebes müssen gleich hoch sein.
d) Während der ersten Jahre sollte auf eine Krankenversicherung aus Kostengründen verzichtet werden.

Frage 9: Jan Jahmann fragt sich, ob er mit Beginn seiner Selbstständigkeit weiter automatisch krankenversichert ist?

1. Jan bleibt Pflichtmitglied in der gesetzlichen Krankenversicherung.	
2. Jan kann auf Antrag freiwilliges Mitglied einer gesetzlichen Krankenversicherung werden.	a) Richtig
3. Jan kann in eine Private Krankenversicherung wechseln.	b) Falsch
4. Jan muss mit Beginn der Selbstständigkeit in eine Private Krankenversicherung wechseln.	

Frage 10: Welche Auswirkungen hat der demografische Wandel auf zukünftige Renten?

a) Eine Senkung des Renteneintrittsalters ist wahrscheinlich.
b) Die Rentenbeiträge können wahrscheinlich gesenkt werden.
c) Immer weniger Erwerbstätige müssen immer mehr Renten finanzieren.
d) Eine private Altersvorsorge ist aufgrund der steigenden Renten nicht notwendig.

G. Unternehmen und Verbraucher

Frage 1: Welches primäre Ziel verfolgen private Unternehmen?

a) Gewinnminimierung
b) Gewinnerzielung
c) Schaffung von Arbeitsplätzen
d) Deckung der Kosten

Frage 2: Ordnen Sie die folgenden Ziele eines Betriebes entsprechend zu.

1. Die Kundenzufriedenheit soll erhöht werden.	
2. Erhöhung des Weihnachtsgeldes um 10 %.	a) Ökonomisches Ziel
3. Die Rentabilität in der Produktion soll sich steigern.	b) Ökologisches Ziel
4. Verminderung des Verpackungsmülls.	c) Sachliches Ziel
5. Steigerung des Marktanteils um 5 %.	d) Soziales Ziel
6. Sicherung der vorhandenen Arbeitsplätze.	

Frage 3: Durch welche Maßnahme könnte die Arbeitsproduktivität gesteigert werden?

a) Die Arbeitszeit wird verkürzt.
b) Die Arbeitszeit wird verlängert.
c) Eine neue, modernere Maschine wird angeschafft.
d) 2 neue Mitarbeiterinnen werden eingestellt.

Frage 4: Bei welchem Beispiel wird nach dem Minimalprinzip gehandelt (Ökonomisches Prinzip)?

a) Ein Malermeister vergleicht die Preise für Farbe und kauft beim günstigsten Anbieter.
b) Ein Malermeister kauft für einen bestimmten Betrag so viel Farbe wie möglich.
c) Ein Malermeister holt mindestens 5 verschiedene Angebote ein.
d) Ein Malermeister versucht möglichst viel Farbe für einen möglichst geringen Preis zu kaufen.

Frage 5: Welche Aussage zum Maximalprinzip (Ökonomisches Prinzip) ist richtig?

a) Mit möglichst geringen Mitteln soll ein bestimmter Ertrag erzielt werden.
b) Mit gegebenen Mitteln soll ein möglichst hoher Ertrag erzielt werden.
c) Mit möglichst geringen Mitteln soll ein möglichst hoher Ertrag erzielt werden.
d) Mit gegebenen Mitteln soll ein gegebener Ertrag erzielt werden.

Frage 6: Die Firma Bike AG stellt Fahrräder her. Ordnen Sie die Abteilungen entsprechend zu.

1) Montage der Räder	
2) Einkauf von Bremstrommeln	a) Beschaffung
3) Entwicklung eines neuen Rahmens	b) Produktion
4) Kundenpflege	c) Absatz
5) Ermittlung von Bezugsquellen für bessere Speichen	
6) Marketing	

Frage 7: Ordnen Sie die Aussagen zur Personalgesellschaft entsprechend zu.

1. Die Haftung bei Personengesellschaften ist unbeschränkt.	
2. Die Errichtung durch nur eine Person ist möglich.	a) Richtig
3. Die Gründung einer Personengesellschaft ist aufwendiger als die Gründung einer Kapitalgesellschaft.	b) Falsch
4. Es besteht eine gesamtschuldnerische Haftung der Gesellschafter.	

Frage 8: Ist eine Offene Handelsgesellschaft (OHG) eine juristische Person?

a) Ja, da die OHG im Handelsregister eingetragen ist.
b) Ja, alle Gesellschaften ab einem gewissen Umsatz sind juristische Personen.
c) Nein, da die OHG nicht im Handelsregister eingetragen ist.
d) Nein, da keine Organe benötigt werden. Die Gesellschafter sind vertretungsberechtigt.

Frage 9: Welche Aussagen zum Einzelunternehmen sind richtig?

1) Der Inhaber haftet mit seinem Firmen- und Privatvermögen.	
2) Ein Einzelunternehmen ist bei Banken besonders kreditwürdig.	a) Richtig
3) Entscheidungen können schnell getroffen werden.	b) Falsch
4) Der Inhaber haftet nur mit dem Firmenvermögen. Das Privatvermögen ist geschützt.	

Frage 10: Welche Organe hat eine GmbH?

a) Hauptversammlung, Aufsichtsrat, Vorstand
b) Gesellschafter, Vorstand, Aufsichtsrat
c) Gesellschafterversammlung, Vorstand und Aufsichtsrat
d) Gesellschafterversammlung, Geschäftsführer und Aufsichtsrat (bei größeren Unternehmen über 500 Mitarbeitern)

Frage 11: Zu welchem Zeitpunkt ist eine GmbH fähig Rechtsgeschäfte abzuschließen?

a) Mit der Eintragung ins Handelsregister
b) Ab einem von den Gesellschaftern bestimmten Zeitpunkt
c) Mit der Unterschrift unter den Gesellschaftervertrag
d) Dem der Gründung nachfolgenden Monatsersten

Frage 12: Ordnen Sie anhand der Beschreibung die Gesellschaftsform zu.

1) Betrieb eines Handelsgewerbes durch mehrere Personen bei unbeschränkter Haftung.	a) AG b) OHG
2) Komplementär haftet mit Privatvermögen, Kommanditist nur mit seiner Einlage.	c) GbR
3) Haftungsbeschränkung auf das Stammkapital. Leitung durch Geschäftsführung.	d) KG e) e. G.
4) Die Gesellschaftsform ist für größere Firmen gut geeignet. Firmenanteile werden über die Börse verkauft.	f) GmbH

Frage 13: Drei Kaufleute betreiben gemeinsam ein Unternehmen. Dieses Unternehmen wirft einen Gewinn von 120.000,00 € ab, der nach der Geschäftsbeteiligung verteilt werden soll. Kaufmann A ist zu $^1/_3$ beteiligt, Kaufmann B zu $^1/_4$ und Kaufmann C gehört der Rest.
Wie hoch ist der Gewinnanteil von Kaufmann C?

a) 30.000 € b) 40.000 € c) 50.000 € d) 60.000 €

Frage 14: Welche Aussagen zu einem Kartell sind richtig?

1. Ein Kartell ist ein Zusammenschluss von selbstständig bleibenden Unternehmen.	
2. Mindestens 4 Firmen sind zur Bildung eines Kartells notwendig.	a) Richtig
3. Es entsteht bei der Bildung eines Kartells eine neue Firma.	b) Falsch
4. Staatliche Verbote oder Regulierungen sind im Kartellrecht geregelt.	

Frage 15: Was ist unter „Bedarf" zu verstehen?

a) Bedarf ist das mit Kaufkraft abgedeckte Verlangen nach Gütern zur Befriedigung der Bedürfnisse.
b) Als Bedarf werden Kulturbedürfnisse bezeichnet.
c) Bedarf ist das ohne Kaufkraft abgedeckte Verlangen nach Gütern zur Befriedigung der Bedürfnisse.
d) Bedarf entsteht nur bei der Nachfrage nach Luxusgütern.

H. Rechtsgeschäfte

Frage 1: Ordnen Sie die Rechtsgeschäfte entsprechend zu.

1. Kündigung 2. Kaufvertrag 3. Mietvertrag 4. Testament 5. Werkvertrag	a) Einseitiges Rechtsgeschäft b) Zweiseitiges Rechtsgeschäft

Frage 2: Ein Vertrag kann angefochten werden, wenn...

a) das Geschäft mit einer geschäftsunfähigen Person abgeschlossen wurde.
b) ein Scheingeschäft abgeschlossen wurde.
c) gegen Formvorschriften verstoßen wurde.
d) bei der Abgabe der Willenserklärung ein Irrtum passiert ist.

Frage 3: Ordnen Sie die Kaufvertragsarten entsprechend zu.

1. Ein Kunde kauft am 14.03. ein neues Fernsehgerät. Es wird vereinbart, dass die Lieferung bis zum 28.03. erfolgen muss. 2. Ein Verkäufer muss eine Ware entsprechend einer festgelegten Probe liefern. 3. Kauf einer kleinen Menge mit der Absicht, bei Zufriedenheit eine größere Menge zu erwerben 4. Beim Kauf wird vereinbart, dass Teilmengen abgerufen werden können.	a) Kauf auf Abruf b) Kauf zur Probe c) Fixkauf d) Kauf nach Probe

Frage 4: Welche Rechte hat ein Käufer bei Lieferung einer mangelhaften Ware oder Sache grundsätzlich?

a) Nacherfüllung, Rücktritt vom Vertrag, Minderung des Preises, Schadensersatz, Ersatz vergeblicher Aufwendungen
b) Das Recht auf Nacherfüllung kann er nicht in Anspruch nehmen.
c) Nacherfüllung, Rücktritt vom Vertrag, Minderung des Preises, Schadensersatz, eidesstattliche Versicherung des Lieferanten
d) Nacherfüllung, Rücktritt vom Vertrag, Minderung des Preises, Zahlung einer Vertragsstrafe des Lieferanten

Frage 5: Wann sind Mängel zu rügen (beim Handelskauf)?

a) Die Ware muss bei Eingang kontrolliert werden. Offene und versteckte Mängel sind sofort zu rügen.
b) Die Ware muss bei Eingang kontrolliert werden. Offene Mängel sind sofort zu rügen, versteckte Mängel unverzüglich nach Entdeckung.
c) Beim Handelskauf ist die Ware innerhalb von 14 Tagen zu prüfen und innerhalb von 21 Tagen zu rügen.
d) Beim Handelskauf ist die Ware innerhalb von 21 Tagen zu prüfen und innerhalb von 28 Tagen zu rügen.

Frage 6: Welche Aussage zum Kaufvertrag ist richtig?

a) Der Kaufvertrag ist ein einseitiges Rechtsgeschäft.
b) Ein Kaufvertrag muss immer schriftlich erfolgen.
c) Eine Befristung des Angebotes, das zu einem Kaufvertrag führt, ist ungültig.
d) Der Kaufvertrag ist ein zweiseitiges Rechtsgeschäft.

Frage 7: Welche Aussage zu Besitz und Eigentum ist richtig?

a) Besitzer und Eigentümer sind immer identisch.
b) Eigentum ist die anerkannte und tatsächliche Herrschaft einer Person über eine Sache.
c) Besitz ist die anerkannte und tatsächliche Herrschaft einer Person über eine Sache.
d) Besitz ist das umfassendste Recht an einer Sache. Der Besitzer kann die Sache u. a. vermieten und verkaufen.

Frage 8: Das Hotel Sonnenschein braucht einen neuen Transporter. Es stehen Kauf oder Leasing zur Debatte. Welche Aussage ist richtig?

a) Bei einem Leasingvertrag wird das Hotel Sonnenschein Eigentümer des Transporters.
b) Bei einem Leasingvertrag wird die Leasinggesellschaft Eigentümer des Transporters.
c) Die Finanzierung über Leasing ist immer günstiger.
d) Leasing und Mietkauf sind identisch.

Frage 9: Ab wann ist ein Mensch rechtsfähig?

a) Mit der Geburt
b) Mit der Vollendung des 7. Lebensjahres
c) Mit der Vollendung des 14. Lebensjahres
d) Mit der Vollendung des 18. Lebensjahres

Frage 10: Welche Personengruppe gilt als <u>nicht</u> geschäftsfähig?

a) Personen unter 7 Jahren
b) Personen, die zwischen 7 und 14 Jahre alt sind.
c) Personen über 18 Jahren
d) Personen ab dem 80. Lebensjahr

Frage 11: Welche Personen sind voll geschäftsfähig?

a) Alle rechtsfähigen Personen
b) Personen, die das 7. Lebensjahr vollendet haben.
c) Alle volljährigen Personen
d) Personen, die das 14. Lebensjahr vollendet haben.

Frage 12: Welche Aussage zur Geschäftsfähigkeit ist falsch?

a) Geschäftsfähigkeit ist die Fähigkeit, Träger von Rechten und Pflichten zu sein.
b) Minderjährige, die das 7. Lebensjahr nicht vollendet haben, sind geschäftsunfähig.
c) Beschränkt geschäftsfähig sind Minderjährige vom vollendeten 7. bis zum vollendeten 18. Lebensjahr.
d) Rechtsgeschäfte, die beschränkt Geschäftsfähige schließen, sind schwebend unwirksam, wenn sie nicht mit Einwilligung des gesetzlichen Vertreters (meist die Eltern) abgeschlossen werden.

Frage 13: Welche Aufgaben werden von Verbraucherzentralen wahrgenommen? Ordnen Sie entsprechend zu.

1. Sie legen Preisobergrenzen für Grundnahrungsmittel fest.	
2. Sie verschaffen einen Überblick über Waren und Dienstleistungen.	a) Richtig
3. Sie ziehen schlecht bewertete Waren aus dem Verkehr.	b) Falsch
4. Sie verfolgen Rechtsverstöße durch Abmahnungen und Klagen.	

Frage 14: Was ist unter „Allgemeine Geschäftsbedingungen (AGB)" zu verstehen?

a) Es sind vorformulierte Vertragsbedingungen, die eine Vertragspartei der anderen Vertragspartei (dem Vertragspartner) bei Abschluss eines Vertrages stellt.
b) In den AGB werden die Gewährleistungsansprüche ausgeschlossen.
c) Die AGB brauchen von Privatpersonen nicht beachtet zu werden. Sie regeln Rechtsgeschäfte unter Kaufleuten.
d) In den AGB werden gesetzliche Rechte von Verbrauchern ausgeschlossen.

Frage 15: Ordnen Sie die Beschreibung dem entsprechenden Privatkredit zu.

1. Kreditbeanspruchung ohne vorherige Bankvereinbarung oder Einräumung eines Überziehungskredits.	a) Hypothekendarlehen
2. Eingeräumte Überziehungsmöglichkeit von z. B. 3 Monatsgehältern.	b) Geduldeter Überziehungskredit
3. Kreditsumme wird in festen monatlichen Teilbeträgen zurückgezahlt.	c) Dispositionskredit
4. Verbindlichkeiten, die durch Grundpfandrechte auf mindestens einer Immobilie besichert sind.	d) Ratenkredit

I. Weltwirtschaftliche Verflechtungen

Frage 1: Welche Aussage zur Marktwirtschaft ist richtig?

a) Durch Angebot und Nachfrage wird der Preis festgelegt.
b) Das Angebot wird kurz nach den Wahlen vom Wahlsieger festgelegt.
c) Eine hohe Nachfrage führt häufig zu Preissenkungen.
d) Durch einen 5-Jahres-Plan wird das Angebot festgelegt.

Frage 2: Ordnen Sie die Aussagen entsprechend zu.

1. Jeder kann Verträge schließen, so wie er es möchte.	
2. Per Gesetz werden Mütter geschützt.	a) Freie Marktwirtschaft
3. Es gilt der Grundsatz: Eigentum verpflichtet.	
4. Unternehmen können produzieren, was sie möchten.	b) Soziale Marktwirtschaft
5. Privateigentum ist nicht eingeschränkt.	

Frage 3: Welches Ziel gehört nicht zum "magischen Viereck"?

a) Angemessenes und stetiges Wirtschaftswachstum
b) Zufriedene Bürger und Bürgerinnen
c) Preisstabilität
d) Außenwirtschaftliches Gleichgewicht

Frage 4: Ordnen Sie die Kurzbeschreibungen der Konjunkturphase zu.

1. Die Konjunktur ist auf dem Tiefstand.	a) Rezession
2. Die Auftragsbestände und die Produktion steigen.	b) Boom
3. Das Bruttosozialprodukt sinkt.	c) Depression
4. Die Wirtschaft ist voll ausgelastet. Es herrscht Vollbeschäftigung.	d) Aufschwung

Frage 5: Ein Unternehmen erhält weniger Aufträge und muss Mitarbeiter entlassen. Welcher Fachausdruck passt hierfür?

a) Rezession
b) Deflation
c) Expansion
d) Konjunkturerholung

Frage 6: Der Staat möchte in einer konjunkturellen Abschwungphase die Nachfrage nach Konsumgütern steigern. Welche Maßnahme wäre geeignet?

a) Erhöhung der Kraftfahrzeugsteuer
b) Senkung der BAföG-Sätze
c) Einführung einer neuen Sondersteuer
d) Erhöhung des Kindergeldes

Frage 7: Welcher Wert gibt den Gesamtwert aller Güter (Waren und Dienstleistungen) an, die innerhalb eines Jahres innerhalb der Landesgrenzen einer Volkswirtschaft hergestellt wurden?

a) Bruttonationaleinkommen
b) Bruttoinlandsprodukt
c) Nettoinlandsprodukt
d) Volkseinkommen

Frage 8: Welche Maßnahmen sind geeignet zur Bekämpfung der Arbeitslosigkeit?

1) Erhöhung der Lohnnebenkosten.	
2) Erhöhung der Löhne und Gehälter, um das Arbeiten attraktiver zu machen.	a) Geeignete Maßnahme
3) Abbau von Überstunden.	b) Nicht geeignete Maßnahme
4) Erhöhung der beruflichen Mobilität von Arbeitssuchenden.	

Frage 9: Wenn Deutschland Exportüberschüsse erzielt, bedeutet das, dass ...

a)… der Wert der eingeführten Waren den Wert der ausgeführten Waren übersteigt.
b)… der Wert der ausgeführten Waren den Wert der eingeführten Waren übersteigt.
c)… der Wert der ausgeführten Waren mit dem Wert der eingeführten Waren übereinstimmt.
d)… die Anzahl der ausgeführten Waren im nächsten Jahr reduziert werden muss.

Frage 10: Die Europäische Zentralbank senkt die Zinsen. Was will sie damit erreichen?

a) Investitionen erschweren.
b) Die Konjunktur bremsen.
c) Die Konjunktur ankurbeln.
d) Kredite verteuern.

Frage 11: Welche Auswirkung hat die Verringerung der Geldmenge durch die Europäische Zentralbank?

a) Erhöhung der Liquidität der Kreditinstitute
b) Steigerung der Nachfrage
c) Anregung zu verstärkten Investitionen
d) Stabilisierung des Preisniveaus

Frage 12: Der Euro wird aufgewertet. Wie wirkt sich das auf die deutschen Produkte außerhalb des Euro-Raumes aus?

a) Deutsche Produkte werden billiger.
b) Deutsche Produkte werden teurer.
c) Es gibt keine Auswirkungen.
d) Der Export steigt stark an.

Frage 13: Was ist unter Inflation zu verstehen?

a) Unter Inflation ist das Eingreifen der Europäischen Zentralbank zu verstehen.
b) Unter Inflation versteht man ein andauerndes sinkendes Preisniveau.
c) Unter Inflation versteht man den Kaufkraftverlust des Geldes.
d) Unter Inflation ist die Verschuldung des Staates zu verstehen.

Frage 14: Wie wird das in Geld bewertete Einkommen ohne Berücksichtigung der tatsächlichen Kaufkraft bezeichnet?

a) Nominaleinkommen
b) Realeinkommen
c) Bruttolohn
d) Kaufkraftverlust

Frage 15: Welche Aufgaben hat die Europäische Zentralbank?

<table>
<tr><td>1) Sie überwacht die Geldwertstabilität.</td><td rowspan="2">a) Richtig</td></tr>
<tr><td>2) Sie legt die Geldmenge fest.</td></tr>
<tr><td>3) Sie verwaltet die Währungsreserven der Eurozone.</td><td rowspan="2">b) Falsch</td></tr>
<tr><td>4) Sie unterstützt die Einführung von Mindestlöhnen zur Existenzsicherung in der EU.</td></tr>
</table>

Lösungen zu den WiSo-Fragen

Test A:	1c, 2a, 3 (1b, 2b, 3a, 4a), 4 (1a, 2c, 3b, 4c, 5a), 5a, 6c, 7c, 8a, 9b, 10d, 11 (1c, 2d, 3c, 4a, 5b, 6b), 12b, 13 (1a, 2b, 3b, 4a)
Test B:	1b, 2 (1b, 2a, 3b, 4b, 5a), 3b, 4d, 5 (1b, 2b, 3a, 4b), 6d, 7a, 8c, 9b, 10a, 11d, 12b, 13 (1b, 2a, 3b, 4a), 14 (1a, 2b, 3a, 4a, 5b), 15c
Test C:	1a, 2c, 3c, 4b, 5 (1c, 2a, 3b, 4a, 5c), 6a, 7d, 8b, 9 (1b, 2a, 3a, 4b, 5b), 10b, 11 (1a, 2b, 3a, 4b, 5a), 12c, 13b, 14d, 15b
Test D:	1 (1b, 2a, 3b, 4a), 2c, 3d, 4c, 5b, 6b
Test E:	1a, 2c, 3d, 4b, 5a, 6 (1a, 2a, 3b, 4a), 7d, 8b, 9 (1c, 2d, 3e, 4b, 5a, 6c), 10a, 11d, 12b
Test F:	1a, 2c, 3b, 4 (1b, 2a, 3c, 4a, 5c), 5a, 6d, 7 (1b, 2a, 3b, 4c, 5c), 8b, 9 (1b, 2a, 3a, 4b), 10c
Test G:	1b, 2 (1c, 2d, 3a, 4b, 5a, 6d), 3c, 4a, 5b, 6 (1b, 2a, 3b, 4c, 5a, 6c), 7 (1a, 2b, 3b, 4a), 8d, 9 (1a, 2b, 3a, 4b), 10d, 11a, 12 (1b, 2d, 3f, 4a), 13c, 14 (1a, 2b, 3b, 4a), 15a
Test H:	1 (1a, 2b, 3b, 4a, 5b), 2d, 3 (1c, 2d, 3b, 4a), 4a, 5b, 6d, 7c, 8b, 9a, 10a, 11c, 12a, 13 (1b, 2a, 3b, 4a), 14a, 15 (1b, 2c, 3d, 4a)
Test I:	1a, 2 (1a, 2b, 3b, 4a, 5a), 3b, 4 (1c, 2d, 3a, 4b), 5a, 6d, 7b, 8 (1b, 2b, 3a, 4a), 9b, 10c, 11d, 12b, 13c, 14a, 15 (1a, 2a, 3a, 4b)

Ein Wort zum Schluss

Glückwunsch, Sie haben vielleicht schon den einen oder anderen Aufgabenblock bearbeitet.

Ziel dieses Buches ist es, eine gute Prüfungsvorbereitung zu einem günstigen Preis zu entwickeln.

Wenn Ihnen unser Buch weitergeholfen hat, dann empfehlen Sie es bitte weiter, gerne auch in Form einer positiven Rezension bei Amazon. Wenn nicht, sagen Sie es nur mir ☺.

Viel Erfolg weiterhin für Ihre Prüfungsvorbereitung!

Claus G. Ehlert . Autor . E-Mail: info@top-pruefung.de

✂ ✂ ✂ ✂ ✂ **Lösungsblatt / Vordruck** ✂ ✂ ✂ ✂ ✂

Hier können Sie die Lösungen zu den Aufgaben eintragen:

(Download unter www.top-pruefung.de/vordruck-1.pdf)

Test:	**Test:**	**Test:**	**Test:**	**Test:**
1.	**1.**	**1.**	**1.**	**1.**
2.	**2.**	**2.**	**2.**	**2.**
3.	**3.**	**3.**	**3.**	**3.**
4.	**4.**	**4.**	**4.**	**4.**
5.	**5.**	**5.**	**5.**	**5.**
6.	**6.**	**6.**	**6.**	**6.**
7.	**7.**	**7.**	**7.**	**7.**
8.	**8.**	**8.**	**8.**	**8.**
9.	**9.**	**9.**	**9.**	**9.**
10.	**10.**	**10.**	**10.**	**10.**
11.	**11.**	**11.**	**11.**	**11.**
12.	**12.**	**12.**	**12.**	**12.**
13.	**13.**	**13.**	**13.**	**13.**
14.	**14.**	**14.**	**14.**	**14.**
15.	**15.**	**15.**	**15.**	**15.**